D. H. Lawrence
Die Apokalypse

D. H. Lawrence

DIE APOKALYPSE

Aus dem Englischen von Axel Monte

Mit einem Nachwort versehen
von Henning Schröer

PATMOS

Die Deutsche Bibliothek – CIP-Einheitsaufnahme

Lawrence, David H.:
Die Apokalypse / D. H. Lawrence
Aus dem Engli. von Axel Monte.
Mit einem Nachw. vers. von Henning Schröer. –
1. Aufl. – Düsseldorf: Patmos -Verl. 2000
ISBN 3-491-72434-1

© 2000 Patmos Verlag GmbH & Co. KG, Düsseldorf
1. Auflage 2000
Alle Rechte, einschließlich derjenigen des auszugsweisen Abdrucks sowie der
fotomechanischen und elektronischen Wiedergabe, vorbehalten.
Umschlaggestaltung: Groothuis & Consorten, Hamburg
unter Verwendung eines Fotos von George Grigoriou
© Tony Stone Images
Satz: Medienhaus Froitzheim AG, Bonn, Berlin
Druck und Bindung: Bercker, Kevelaer
ISBN 3-491-72434-1

Inhalt

Einleitung *

Es ist jetzt schon einige Jahre her, daß Frederick Carter mir erstmals das Manuskript seines *Drachen der Apokalypse*[1] zusandte. Ich entsinne mich, daß es mich während eines Aufenthaltes in Chapala in Mexico erreichte. Der Postmeister des Dorfes ließ mich aufs Postamt bestellen: Möge der ehrenwerte *Señor* sich bitte aufs Postamt begeben. Ich begab mich dorthin, an einem strahlenden Aprilmorgen der nördlichen Tropen. Der Postmeister, ein dicker, dunkler Mexikaner mit Schnurrbart, war äußerst höflich, tat aber auch sehr geheimnisvoll. Es war ein Paket eingetroffen – ob ich etwas von einem Paket wüßte? Nein, ich wußte von nichts. Nun, nach vielerlei verdächtigen Höflichkeiten wurde das Paket hervorgeholt. Es war das ziemlich mitgenommene Typoskript des *Drachen*, samt einigen von Carters astrologischen Diagrammen, die er beigefügt hatte. Der Postmeister behandelte es mit Skepsis. Was war das? Was war das? Es sei ein Buch, sagte ich, das Manuskript eines Buches, auf Englisch. Ah, aber was für eine Art von Buch? Wovon handele das Buch? Ich versuchte in meinem stockenden Spanisch zu erklären, wovon der *Drache* mit seinen Diagrammen handelte. Ich kam nicht weit. Der Postmeister blickte finsterer und finsterer, er schien immer beunruhigter. Schließlich argwöhnte er: ist es *Magie?* Mir stockte der Atem. Es schien wieder wie zu Zeiten der Inquisition zu sein. Ich versuchte ihn zu beruhigen. Nein, sagte ich, es sei keine Magie, sondern die *Geschichte* der Magie. Die Geschichte der Gedanken der Magier der Vergangenheit, und dies seien die Diagramme, die sie benutzt hatten. – Ah! Der Postmann war erleichtert. Die Geschichte der Magie! Ein gelehrtes Werk! Und dies waren die Diagramme, die sie benutzten! – Er berührte sie, vorsichtig, aber fasziniert.

Schließlich ging ich unter der strahlenden Sonne heim, mit dem sperrigen Päckchen unter dem Arm. Und dann, in der Kühle des Patios, las ich den Anfang des ersten *Drachen*.

Das Buch war damals nicht das, was es heute ist. Damals war es fast reine Astrologie, und nur sehr wenig Wissenschaft. Es war konfus. In gewissem Sinne war es Chaos. Und es hatte nicht sehr viel mit der Offenbarung des Johannes zu tun. Aber das war mir egal. Oft begruben mich die Worte unter sich. Und dann kam wieder eine Seite oder ein Kapitel, das meine Imagination beflügelte und mir einen ganzen großartigen Himmel schuf, in dem ich mich bewegte. Zum ersten Male durchschritt ich die weiten Felder des Firmaments. Und es war eine reale Erfahrung, für die ich stets dankbar war. Und immer kehrt die Empfindung zu mir zurück, der dunkle Schatten auf der Veranda in Mexiko, und die plötzliche Befreiung, hinein in die prächtigen Himmel der alten Welt, die Himmel des Zodiaks.

Ich habe Bücher über Astronomie gelesen, die mich durch das Empfinden von unbegrenztem Raum schwindeln machten. Aber das Herz schmilzt und stirbt dabei. Es ist allein der entkörperte Verstand, der weiter durch diese schreckliche hohle Leere streift, wo einsame Sterne in furchtbaren Einöden schweben. Und das ist keine Befreiung. Es ist seltsam, aber wenn die Wissenschaft den Raum *ad infinitum* ausdehnt, und wir das schreckliche Gefühl von Grenzenlosigkeit erfahren, dann empfinden wir gleichzeitig das verborgene Gefühl von Eingesperrtsein. Dreidimensionaler Raum ist gleichförmig, und egal, *wie* groß er ist, ist er eine Art Gefängnis. Egal, wie unermeßlich die Ausdehnung des Raumes ist, es gibt in ihm keine Befreiung.

Woher rührte dann dieses Gefühl der Befreiung, von wunderbarer Befreiung, bei der Lektüre des *Drachen*? Ich weiß es nicht. Aber dennoch, die *gesamte* Imagination wurde befreit, nicht nur ein Teil. Im astronomischen Raum kann man sich nur *bewegen*, man kann dort nicht *sein*. In den astrologischen Himmeln, das heißt den alten Himmeln des Zodiaks, wird der ganze Mensch befreit, sobald die Imagination deren Grenze überschreitet. Der ganze Mensch wandert, körperlich und spirituell, durch die prächtigen Flure der Sterne, und die Sterne haben Namen, und die Füße schreiten königlich auf – wir wissen nicht, worauf, doch es sind die Himmel, nicht der undurchschreitbare Raum.

Beides ist eine Erfahrung. Den astronomischen Himmel des Raumes zu betreten, ist eine große Erfahrung für die Sinne. Den astrologischen Himmel des Zodiaks zu erklimmen, die lebendigen, wandelnden Planeten, ist eine andere Erfahrung, eine andere *Art* von Erfahrung. Sie ist wahrhaft imaginativ, und für mich ist sie die wertvollere. Es ist nicht eine bloße Ausdehnung von Vertrautem: eine Ausdehnung, die zuerst eindrucksvoll ist und dann entsetzlich wird. Es ist der Eintritt in eine andere Welt, in eine andere Art von Welt, in der mit anderen Dimensionen gemessen wird. Und wir spüren, wie ein in uns eingesperrtes Selbst in dieser Welt zu Leben erwacht.

Es wäre natürlich lächerlich, irgendeine Erfahrung zurückweisen zu wollen. Ich erinnere mich gut an meine erste wirkliche Erfahrung von Raum, als ich ein modernes Astronomiebuch las. Es war eher schrecklich, und seitdem hasse ich die bloße Vorstellung von grenzenlosem Raum.

Aber ich erinnere mich auch sehr lebhaft an meine erste Erfahrung der astrologischen Himmel, als ich Frederick Carters *Drachen* las. An die Empfindung, Makrokosmos zu sein, der weite Himmel mit seinen bedeutungsschwangeren Sternen und ihrer zutiefst bedeutsamen Bahnen, mit seiner körperlichen Weite, nicht leer, sondern lebendig und tätig. Und ich erachte diese Erfahrung als wertvoller. Denn die Empfindung des astronomischen Raumes hat mich lediglich gelähmt. Aber die Empfindung der lebendigen astrologischen Himmel gewährt mir eine Erweiterung meines Seins. Ich werde prachtvoll und unermeßlich groß in einer herrlichen Weite. Ich bin der Makrokosmos und es ist wunderbar. Und da ich nicht davor zurückschrecke, vor der weiten Leere des astronomischen Raumes meine eigene Nichtigkeit zu spüren, fürchte ich mich auch nicht davor, in den Himmeln des Zodiaks meine eigene Pracht zu spüren.

Der *Drache*, so wie er heute existiert, ist nicht mehr der *Drache*, den ich in Mexiko gelesen hatte. Er wurde mehr – sagen wir, mehr wissenschaftlich gestaltet. »Gib mir das alte Manuskript und laß mich dazu eine Einleitung schreiben!« habe ich Carter bedrängt. Aber Carter sagte »Nein!«. Das alte wäre nicht *stimmig*.

Was stimmt nicht? Er meint, seine alte astrologische Theorie der Apokalypse sei nicht stimmig, so wie sie im alten Manuskript dargelegt wurde. Aber wen kümmert das? Wir kümmern uns nicht wirklich um Theorien über die Apokalypse oder darum, was die Apokalypse bedeutet. Was uns interessiert ist die Befreiung der Imagination. Eine wirkliche Befreiung der Imagination erneuert unsere Kraft und unsere Vitalität, sie läßt uns stärker und glücklicher fühlen. Gelehrte Worte befreien die Imagination nicht. Sie befriedigen bestenfalls den Intellekt und lassen den Körper als einen unvergorenen Klumpen zurück. Wenn ich aber in den Kosmos des Zodiaks freigelassen werde, dann fühlen sich meine realen Füße leichter und stärker, und meine realen Knie sind glücklich.

Inwiefern ist die Apokalypse von Bedeutung, wenn nicht insofern, daß sie uns die Befreiung der Imagination in eine andere Welt hinein gewährt? Welche Bedeutung »besitzt« die Apokalypse überhaupt? Keine große. Für den gewöhnlichen Leser. Für die gewöhnlichen Forscher und Studenten der Theologie ist sie eine prophetische Vision des Martyriums der christlichen Kirche, der Wiederkunft Christi, der Zerschlagung der weltlichen Macht, insbesondere der Macht des großen Römischen Imperiums, und dann die Errichtung des Millenniums[2], die Herrschaft der auferstandenen Märtyrer der Christenheit für den Zeitraum von tausend Jahren. Danach: das Ende von allem, das Jüngste Gericht und die Seelen im Himmel. Erde, Mond und Sonne werden alle ausgelöscht, alle Sterne und der gesamte Weltraum. Das Neue Jerusalem[3], und Finis!

Das ist alles gut und schön, aber das kennen wir schon alles, also bietet es den meisten Leuten keine imaginative Befreiung. Das ist die orthodoxe Interpretation der Apokalypse, und vielleicht ist es die wahre oberflächliche Bedeutung, oder die letztlich beabsichtigte Bedeutung des Werkes. Na, und? Das ist langweilig. Von allen alt-backenen Kuchen ist das Neue Jerusalem der altbackenste. Be-stenfalls wurde es für die Tanten dieser Welt erfunden.

Doch wenn wir die Offenbarung lesen, spüren wir sofort, daß es eine Bedeutung hinter der Bedeutung gibt. Die Visionen, die uns seit der Kindheit vertraut sind, verlieren durch die ortho-doxen Kommentatoren nicht so schnell ihre Kraft. Und die Phrasen, die uns ein Leben lang verfolgten, wie: »Und ich sah den Himmel offen, und siehe! Ein weißes Pferd!«[4] So etwas wird nicht einfach von orthodoxen Ausdeutungen wegerklärt. Wenn alles erklärt, erläutert und kommentiert ist, bleibt immer noch ein seltsam launenhaftes, halb faules und halb herrliches Wunder in dem Werk. Manchmal scheinen großartige Bilder durch. Manchmal wird das merkwürdige Gefühl eines unverständlichen Schauspiels vermittelt. Manchmal haben die Bilder ein eigenes, nicht zu begreifendes Leben, welches uns nicht wegerklärt oder verwässert werden kann.

Allmählich wird uns bewußt, daß wir uns sowohl in einer Welt von Symbolen als auch von Allegorien befinden. Allmählich be-greifen wir, daß das Buch nicht eine Bedeutung hat. Es hat Bedeu-tungen. Keine Bedeutung *in* einer Bedeutung, sondern eher Be-deutung gegen Bedeutung. Zweifelsohne hat der letzte Schreiber die Apokalypse als eine Art vollständige christliche Allegorie hin-terlassen, eine Pilgerreise zum jüngsten Gericht und zum Neuen Jerusalem. Und die orthodoxen Exegeten können diese Allegorie einigermaßen zufriedenstellend erklären. Aber die Apokalypse ist ein zusammengesetztes Werk. Es ist ohne Zweifel das Werk von verschiedenen Männern, von verschiedenen Generationen und selbst von verschiedenen Jahrhunderten.

Also brauchen wir nicht nach *der Bedeutung* zu suchen, so wie wir in einer Allegorie wie die *Pilgerreise*, oder selbst bei Dante, nach einer Bedeutung suchen können.[5]

Johannes von Patmos hat die Apokalypse nicht *geschaffen*. Die Apokalypse ist nicht das Werk nur eines Mannes. Die Apokalypse entstand wahrscheinlich im zweiten vorchristlichen Jahrhundert. Als ein kleines Buch über heidnische Rituale vielleicht, oder als irgendeine in Symbole gekleidete kleine heidnisch-jüdische Apokalypse. Sie wurde von anderen jüdischen Apokalyptikern überschrieben und gelangte schließlich zu Johannes von Patmos. Er änderte sie mehr oder weniger, eher weniger als mehr, zu einer christliche Allegorie. Und spätere Schreiber schmückten sein Werk aus.

So ist die letzte beabsichtigte christliche Bedeutung des Buches in gewissem Sinne nur übertüncht. Die darin enthaltenen großartigen Bilder gleichen den prächtigen griechischen Säulen, die in die christlichen Kirchen auf Sizilien eingegipst wurden: Sie sind nicht bloße allegorische Figuren, sie sind Symbole, sie gehören einem größeren Zeitalter an als dem des Johannes von Patmos. Und als Symbole trotzen sie der oberflächlichen Bedeutung, die Johannes ihnen gab. Man kann einem großen Symbol keine »Bedeutung« geben, nicht mehr, als man einer Katze eine »Bedeutung« geben kann. Symbole sind organische Einheiten des Bewußtseins, mit einem eigenen Leben. Man kann sie niemals wegerklären, weil ihr Wert dynamisch und emotional ist. Er gehört zum sinnlichen Bewußtsein von Körper und Seele, nicht einfach zum mentalen. Ein allegorisches Bild hat eine *Bedeutung*. Der Mann-mit-den-zwei-Gesichtern hat eine Bedeutung. Aber ich weiß, daß es einem nicht möglich ist, die volle Bedeutung von Janus zu erfassen, der ein Symbol ist.[6]

Es ist notwendig, daß wir uns den Unterschied zwischen Allegorie und Symbol sehr genau bewußt machen. Eine Allegorie ist eine erzählende Beschreibung, die in der Regel Bilder benutzt, um bestimmte definierte Eigenschaften auszudrücken. Jedes Bild bedeutet etwas, ist ein Glied in einer Gleichung und dient fast immer einem moralischen oder belehrenden Zweck, denn hinter der Erzählung einer Allegorie steckt eine Belehrung, normalerweise eine moralische. Der Mythos ist ebenso eine beschreibende Erzählung, die Bilder gebraucht. Aber der Mythos argumentiert nie, er hat niemals einen belehrenden oder moralischen Zweck, man kann aus ihm nichts schlußfolgern. Der Mythos ist ein Versuch, eine menschliche Erfahrung in ihrer Gesamtheit zu vermitteln, deren Sinn zu tief ist, zu tief in Blut und Seele wurzelt, als daß sie mental erklärt oder beschrieben werden könnte. Wir *können* den Mythos von Kronos[7] ohne Schwierigkeiten auslegen. Wir können ihn erklären, wir können sogar eine moralische Schlußfolgerung ziehen. Aber wir würden uns nur zum Narren machen. Der Mythos von Kronos lebt über die Erklärung hinaus, denn er beschreibt eine tiefe Erfahrung von Körper und Seele des Menschen. Eine Erfahrung, die sich nie erschöpft und die sich nie erschöpfen wird, denn sie wird jetzt erlebt und erlitten, und sie wird erlebt und erlitten werden, solange Menschen Menschen sind. Man mag den Mythos wegerklären, aber das bedeutet nur, daß man dann blind und unwissend »im Unbewußten« weiterleidet, anstatt seinen Verstand heilsam und imaginativ auf das Leiden selbst zu richten.

Die Bilder der Mythen sind Symbole. Sie »bedeuten« nicht »etwas«. Sie stehen für Einheiten menschlicher *Gefühle*, menschlicher Erfahrung. Ein Komplex menschlicher Erfahrung ist ein Symbol. Und die Macht des Symbols besteht darin, das tiefe emotionale Selbst und das dynamische Selbst über den Verstand hinaus zu erwecken. Im Symbol pulsieren viele Zeitalter angesammelter Erfahrung. Und pulsierend reagieren wir darauf. Es braucht Jahrhunderte, um ein wirklich wirksames Symbol zu schaffen; selbst das Symbol des Kreuzes, des Hufeisens oder der Hörner. Kein Mensch kann Symbole erfinden. Menschen können Embleme erfinden, die aus Bildern bestehen, oder Metaphern oder Bildnisse, aber keine Symbole. Manche Bilder werden im Laufe der Generationen zu Symbolen. Sie liegen in der Seele eingebettet und sind bereit, lebendig zu werden, wenn man sie anrührt. Sie werden über Jahrhunderte im menschlichen Bewußtsein weitergetragen. Und dann, wenn die Menschen unempfänglich werden und halbtot sind, dann sterben die Symbole wieder.

Nun besitzt die Apokalypse viele prächtige alte Symbole, die uns pulsieren lassen. Und Symbole deuten auf ein Symbolsystem. Und so deutet die Apokalypse mit ihren Symbolen auf ein Symbolsystem tief unter der oberflächlichen christlich-allegorischen Bedeutung der Kirche Christi.

Eines der wichtigsten Symbolsysteme, auf das die Apokalypse jemanden verweist, der einen Sinn für Symbole hat, im Unterschied zum orthodoxen Sinn für Allegorien, ist das astrologische System. Die Symbole der Apokalypse sind wieder und wieder astrologische. Die Bewegung ist die Bewegung der Sterne und diese deuten auf ein astrologisches System. Ob es sich lohnt, das astrologische System aus dem verfälschten Text der Apokalypse herauszuarbeiten, hängt von dem Menschen ab, der sich diese Frage stellt. Ob das System herausgearbeitet werden *kann*, bleibt unserem Urteil überlassen. Aller Wahrscheinlichkeit nach war einmal ein solches astrologisches System vorhanden.

Fest steht, daß die astrologischen Symbole und Spuren immer noch vorhanden sind, sie weisen uns den Weg. Und der Weg führt uns manchmal hinaus in die großartige imaginative Welt, wo wir uns frei und verzückt fühlen. Das ist zumindest meine Erfahrung. Was bedeutet es also, ob das astrologische System wieder vollständig erschlossen werden kann? Wen interessiert es, die Apokalypse erklären zu wollen, sei es allegorisch oder astrologisch oder historisch oder wie auch immer? Das einzige, was uns interessiert, ist der Weg: der Weg, den uns die symbolischen Figuren weisen, und das Schauspiel ihrer Bewegungen. Der Weg und das, wohin er uns führt. Wenn er uns zur Befreiung der Imagination in eine Art von neuer Welt führt, dann laßt uns dankbar sein, denn das ist es, was wir wollen. Uns, die wir uns mehr für das Leben als das Gelehrtentum interessieren, schert es so wenig, was korrekt und was nicht korrekt ist. Überhaupt, was heißt schon »korrekt«? *Zanahorias* ist das spanische Wort für Karotten. Ich hoffe, das ist korrekt. Aber wofür sind Karotten korrekt?

Was der Esel will, sind Karotten, nicht die Vorstellung von Karotten, noch ein Gedankenmodell von Karotten, sondern Karotten. Der spanische Esel weiß nicht einmal, daß er *zanahorias* frißt. Er frißt sich einfach mit Karotten voll und fühlt sich selig. Wer hat nun mehr von der Karotte, *er*, der sie frißt, oder ich, der weiß, daß sie auf Spanisch zsanahoria heißt (ich hoffe, das ist korrekt) und daß sie botanisch zu den *umbelliferae* gehört?

Wir sind von der Luft der Gedankenmodelle aufgebläht und hungern nach einer guten Karotte. Mir ist es gleich, *was* ein Mensch sich zu beweisen vornimmt, solange er mich interessiert und mitreißt. Mir ist es vollkommen gleich, ob er seinen Punkt beweist oder nicht, solange er mir eine wirkliche imaginative Erfahrung beschert, und nicht eine weitere Garnitur aufgeblasener Gedankenmodelle. Wir verhungern, wenn wir uns von den ewigen Sodom-Äpfeln[8] der Gedankenmodelle ernähren. Was wir wollen, ist eine *vollständige* imaginative Erfahrung, die vollkommen durch Seele und Körper geht. Wir wollen diese imaginative Erfahrung selbst auf Kosten der Vernunft, denn Vernunft ist sicherlich nicht die letzte richterliche Instanz im Leben.

Wenn wir jedoch innehalten und darüber nachdenken, dann wird uns bewußt, daß es nicht die Vernunft selbst ist, über die wir uns hinwegsetzen müssen. Es sind ihre Schergen, die von uns akzeptierten Ideen und Gedankenmodelle. Vernunft kann sich in fast alles einfügen, wenn wir sie nur von ihrem Reifrock und ihrer gepuderten Perücke befreien, mit denen sie im 18. und 19. Jahrhundert ausstaffiert wurde. Vernunft ist eine geschmeidige Nymphe und von Natur aus so schlüpfrig wie ein Fisch. Gestattet ihr, jeden Tag eine Absurdität zu küssen, genauso wie eine syllogistische Wahrheit. Die Absurdität mag sich als wahrer erweisen.

Wir müssen uns nicht dafür schämen, wenn wir mit dem Zodiak kokettieren. Der Zodiak ist es wohl wert, mit ihm zu kokettieren. Aber nicht in der eher dümmlichen modernen Art der Horoskope und des Zukunftlesens aus den Sternen. Das Glück aus den Sternen zu lesen ist so, als wenn man sich vor dem Rennen einen Tip aus den Ställen holt. Du willst wissen, auf welches Pferd du dein Geld setzt. Horoskope sind das gleiche. Die Leute wollen von ihrem »Glück« erfahren, nie von ihrem Unglück.

Eine der großartigsten imaginativen Erfahrungen, die das Menschengeschlecht je gemacht hat, war sicher die chaldäische[9] Erfahrung der Sterne, einschließlich von Sonne und Mond. Es scheint manchmal, daß sie großartiger als jede Gotteserfahrung gewesen sein muß, denn Gott ist nur eine imaginative Erfahrung. Und manchmal scheint es, als ob die Erfahrung der lebendigen Himmel, mit einer lebendigen, doch nicht menschlichen Sonne, und strahlenden lebendigen Sternen im *lebenden* Weltraum, die herrlichste aller Erfahrungen gewesen sein muß. Größer als die Jehovas oder Baals[10], Buddhas oder Jesu. Es mag absurd erscheinen, von einem *lebenden* Weltraum zu sprechen. Ist es das aber? Sind wir uns nicht, während wir warm und gesund und uns unseres Körpers »unbewußt« sind, trotzdem zur gleichen Zeit unseres Körpers in derselben Weise zutiefst bewußt, wie des lebenden und lebendigen Weltenraumes? Und ist nicht das der Grund, warum leerer Raum uns so in Schrecken versetzt?

Ich möchte die Sterne wieder so erfahren, wie die Chaldäer sie erfahren haben, zweitausend Jahre vor Christi. Ich möchte fähig sein, mein Ego in die Sonne hineinzuversetzen, und meine Persönlichkeit in den Mond, und meinen Charakter in die Planeten, und das Leben der Himmel zu leben, wie es die alten Chaldäer taten. Das menschliche Bewußtsein ist wirklich homogen. Es gibt kein völliges Vergessen, nicht einmal im Tode. So lebt irgendwo in uns die alte Erfahrung vom Euphrat weiter, vom Mesopotamien zwischen den Strömen.[11] Und in meinem mesopotamischen Selbst sehne ich mich wieder nach der Sonne, nach Mond und Sternen. Nach der chaldäischen Sonne und den chaldäischen Sternen. Ich sehne mich schrecklich nach ihnen. Denn *unsere* Sonne und *unser* Mond sind nur Gedankenmodelle für uns. Gasbälle, leblose Kugeln mit erloschenen Vulkanen. Dinge, die wir *wissen*, aber niemals durch Erfahrung spüren. Durch *Erfahrung* sollten wir die Sonne spüren. Wir sollten sie »verstehen«, wie die Chaldäer sie verstanden haben, in einer ungeheueren Umarmung. Aber unsere Sonnen-Erfahrung ist tot, wir sind abgeschnitten. Alles, was wir jetzt noch haben, ist das Gedankenmodell der Sonne. Sie ist ein lodernder Gasball; auf Grund einer Art Verdauungsstörung bekommt sie manchmal Sonnenflecken; und sie macht dich braun und gesund, wenn du sie läßt. Die ersten beiden »Tatsachen« hätten wir nie erfahren, wenn Männer mit Teleskopen, Astronomen genannt, sie uns nicht mitgeteilt hätten. Es ist offensichtlich, daß es bloße Gedankenmodelle sind. Die dritte »Tatsache«, daß man braun und gesund wird, glauben wir, weil Ärzte uns gesagt haben, daß es so sei. Tatsächlich werden eine Menge neurotischer Leute immer neurotischer, je brauner und »gesünder« sie durch das Braten in der Sonne werden. Die Sonne kann etwas sowohl reifen wie auch verrotten lassen. Also ist die dritte Tatsache auch ein Gedankenmodell.

Und das ist alles, was wir von der Sonne haben, ein paar armselige Sachen. Zwei oder drei dürftige und unzulängliche

Gedankenmodelle. Wo ist für uns die prächtige und königliche Sonne der Chaldäer geblieben? Wo ist für uns selbst die Sonne des Alten Testaments geblieben, die wie ein Held erschien, der zu einem Wettlauf antritt?[12] Wir haben die Sonne verloren. Wir haben die Sonne verloren und wir haben ein paar erbärmliche Gedankenmodelle gefunden. Ein Ball aus feurigem Gas! Mit Flecken! Sie bräunt dich!

Natürlich sind wir nicht die ersten, die die Sonne verloren haben. Schon die Babylonier selbst fingen an, sie zu verlieren. Die großartigen und lebendigen Himmel der Chaldäer verfielen schon zu Belsazars Zeiten[13] zur bloßen Drehscheibe für Wahrsager am nächtlichen Firmament. Aber das war der Fehler der Menschen, nicht der Fehler der Himmel. Der Verfall ist dem Menschen stets zu eigen. Und zu Zeiten des Verfalls ist der Mensch immer außerordentlich besorgt um sein »Glück« und sein Schicksal. Während das Leben selbst faszinierend ist, ist Glück völlig uninteressant und so etwas wie Schicksal ereignet sich nicht. Wenn Menschen ein dürftiges Leben führen, dann bangen sie um ihr Glück und ängstigen sich vor ihrem Schicksal. Zur Zeit Jesu waren die Menschen so besorgt um ihr Glück und ängstigten sich derart um ihr Schicksal, daß sie erklärten, das Leben sei ein einziges langes Leiden und man könne kein Glück erwarten, bevor man im Himmel sei. Das hieß, bis nach unserem Tode. Das wurde von allen Menschen akzeptiert und es ist bis heute unser Bekenntnis, von Buddha wie von Jesus. Dieses Bekenntnis hat uns eine große Zahl von Gedankenmodellen beschert und uns zu einer Art lebendigen Todes geführt.

Deswegen wollen wir jetzt die Sonne wiederhaben. Nicht diesen fleckigen Gasball, der dich wie ein Stück Fleisch bräunt, sondern die lebendige Sonne und den lebendigen Mond aus den Tagen der Chaldäer. Denkt an den Mond, denkt an Artemis und Cybele[14], denkt an das weiße Wunder des Himmels, das so rund, so samten seine heitere Bahn zieht.

Und dann denkt an den pockennarbigen Schrecken der wissenschaftlichen Photographien des Mondes!

Aber wenn wir das pockennarbige Gesicht des Mondes auf den wissenschaftlichen Photographien gesehen haben, muß das das Ende des Mondes für uns bedeuten? Zumindest verstandesmäßig? Ich denke nicht. Es ist ein schwerer Schlag, aber die Imagination kann sich davon erholen. Selbst wenn wir den pockennarbigen Photographien glauben müßten, selbst wenn wir an die kalte und eisige und völlige Leblosigkeit des Mondes glaubten – was wir *nicht* tun – dann ist der Mond deshalb kein totes Nichts. Der Mond ist eine weiße seltsame Welt, großartig, weiß, sanft am Nachthimmel scheinend, und was er mir tatsächlich durch den Weltraum mitteilt, werde ich nie vollkommen ergründen. Aber der Mond, der die Gezeiten beeinflußt, der Mond, der die Menstruationsperioden der Frauen bestimmt, der Mond, der die Mondsüchtigen berührt, dieser Mond ist nicht bloß der tote Klumpen der Astronomen. Dieser Mond ist immer noch der erhabene Mond. Er sendet weiter seine sanften und katzenhaften Einflüsse herab, er wiegt uns noch immer und verlangt ebenfalls Zuneigung als Erwiderung. In seiner sogenannten Leblosigkeit liegt immer noch eine enorme Kraft und eine Macht über unser Leben. Der Mond! Artemis! Die großartige Göttin der prachtvollen Vergangenheit der Menschen! Und du willst mir erzählen, er sei nur ein toter Klumpen?

Er ist nicht tot. Aber vielleicht sind wir tot. Kleine halbtote moderne Würmer, die ihre modrigen Kadaver mit Gedankenmodellen ausstopfen, die keine sinnliche Realität besitzen. Wenn wir den Mond als leblos beschreiben, dann beschreiben wir die Leblosigkeit in uns selbst. Wenn wir den Weltraum als so schrecklich leer empfinden, dann empfinden wir unsere eigene unerträgliche Leere. Bilden wir uns denn ein, daß wir armen Würmer mit Brillen und Teleskopen und Gedankenmodellen

19

uns des Universums wirklich bewußter sind als die Menschen der Vergangenheit, die den Mond Artemis, Cybele oder Astarte[15] nannten? Bilden wir uns wirklich ein, daß wir den Mond lebendiger spüren als sie? Daß unser Wissen vom Mond richtiger, »stimmiger« ist? Schlagen wir uns das aus dem Kopf. Wir nehmen den Mond durch unsere Teleskope und unsere eigene Leblosigkeit wahr. Wir nehmen alles durch unsere eigene Leblosigkeit wahr.

Aber der Mond, Frau Luna, ist noch immer Artemis, und sie ist eine gefährliche Göttin, so wie sie es immer war. Und wenn sie am Himmel ihre Bahnen zieht, straft sie dich mit ihrer kalten Verachtung, du armer, elender Wurm von einem Menschen, der denkt, sie wäre nichts als ein toter Klumpen. Sie ergießt die giftige Säure ihrer zornigen Verachtung auf deine fahrigen, angespannten Nerven, du nervöser Mensch, und sie wird dich zerstören. Glaub nicht, daß du der Mondgöttin entkommen kannst. Du kannst ihr genausowenig entkommen wie deinem Atem. Sie ist in der Luft, die du atmest. Sie ist im Atem aktiv. Ihr Stich ist Teil der Aktivität des Elektrons.

Denkst du, du könntest das Universum zerlegen? Ein toter Klumpen hier, ein Gasball dort, ein bißchen Nebel irgendwo anders? Wie kindisch, als ob das Universum der Hinterhof einer Chemiefabrik wäre! Wie der Mensch doch ins Schwafeln gerät, wenn er sich richtig klug wähnt und denkt, er liefere die letzte und endgültige Beschreibung des Universums! Sieht er nicht, daß er bloß sich selbst beschreibt? Und daß das Selbst, das er beschreibt, bloß einer der vielen toten und trostlosen Zustände ist, in denen ein Mensch existieren kann? Wenn der Mensch seinen Daseinszustand ändert, dann benötigt er eine gänzlich andere Beschreibung des Universums, und so verändert sich das Universum völlig für ihn. So wie die Natur unseres Universums völlig verschieden ist von der Natur des chaldäischen Kosmos.

Die Chaldäer beschrieben den Kosmos so, wie sie ihn gewahr wurden: als prachtvoll. Wir beschreiben das Universum so, wie wir es wahrnehmen: größtenteils leer, darin verstreut eine gewisse Anzahl toter Monde und ungeborener Sterne, wie der Hinterhof einer Chemiefabrik.

Entspricht unsere Beschreibung der Wahrheit? Nicht auch nur für einen Augenblick, wenn du einmal deinen Bewußtseinszustand verändert hast, oder den Zustand deiner Seele. Die Beschreibung trifft zu für unseren gegenwärtigen, abgetöteten Bewußtseinszustand. Unser Bewußtseinszustand wird unerträglich. Wir werden ihn zu ändern haben. Und wenn wir ihn geändert haben, werden wir unsere Beschreibung des Universums völlig ändern. Wir sollen den Mond nicht wieder Artemis nennen, aber die neue Bezeichnung wird eher an Artemis erinnern als an einen toten Klumpen oder an einen erloschenen Ball. Wir sollen nicht zu der chaldäischen Vision der lebendigen Himmel zurückkehren. Aber die Himmel werden für uns wieder lebendig werden, und die Vision wird dem neuen Menschen entsprechen, der wir dann sind.

Und darin liegt der Wert dieser Studien zur Apokalypse. Sie erwecken die Imagination und gewähren uns zeitweise ein Universum, in dem wir leben können. Wir könnten denken, daß es der alte Kosmos der Babylonier sei, aber er ist es nicht. Wir können eine Vision, die einmal verloren gegangen ist, nie wiedererlangen. Was wir aber tun können, ist, eine neue Vision zu entdecken, die mit den Erinnerungen an die alten, weit weit zurückliegenden Erfahrungen in uns harmoniert. So lange wir noch nicht abgestumpft und ausgebrannt sind, lebt die chaldäische Erfahrung noch immer in uns, in großer Tiefe, und sie kann unsere Impulse in eine neue Richtung tragen, wenn wir sie erst einmal geweckt haben.

Daher sollten wir für ein Buch wie den *Drachen* dankbar sein. Was macht es, daß es konfus ist? Was macht es, daß es sich wiederholt? Was macht es, daß es teilweise nicht sehr interessant ist, wenn es an anderen Stellen höchst spannend ist, wenn es plötzlich Türen öffnet und den Geist in eine neue Welt eintreten läßt, selbst wenn diese eine sehr alte Welt ist! Ich gestehe, daß ich in bezug auf die Apokalypse nicht mit Mr. Carter übereinstimme. Ich persönlich kann mir nicht vorstellen, daß der alte Johannes von Patmos seine Zeit auf der Insel damit verbracht hat, auf dem Rücken zu liegen und in die prächtigen Himmel zu starren, und daß er dann ein Buch geschrieben hat, in dem er das ganze großartige kosmische und sternenfunkelnde Schauspiel bewußt in drohende und rachsüchtige jüdisch-christliche Moralvor-stellungen gekleidet hat, die manchmal recht vulgär sind.

Aber das liegt zweifelsohne an meiner anderen Herangehens-weise an das Buch. Ich wurde mit der Bibel erzogen, sie scheint mir in den Knochen zu stecken. Von frühester Kindheit an war ich mit der Sprache und den Bildern der Apokalypse vertraut. Nicht, weil ich meine Zeit damit verbracht hätte, in der Offenbarung zu lesen, sondern weil ich zur Sonntagsschule und zu den Dissentern ge-schickt wurde, zum Band of Hope und zu Christian Endeavour[16], und immer wurde mir aus der Bibel vorgelesen. Ich habe nicht einmal aufmerksam zugehört. Aber Sprache besitzt die Macht, in meinem unbewußten Verstand wieder- und nachzuhallen. Ich kann in der Nacht aufwachen und Dinge »hören« – oder ein Musikstück hören – denen ich während des Tages keine Aufmerksamkeit ge-schenkt habe. Der reine Klang selbst wurde aufgenommen. Und so wurde der Klang der Offenbarung sehr früh von mir aufge-nommen, und ich war gewöhnt an das: »Am Tag des Herrn wurde ich vom Geist ergriffen und hörte hinter mir eine mächtige Stimme wie von einer Posaune, die sprach: Ich bin das Alpha und das Omega«[17], so wie ich an Kinderreime wie »Little Bo-Peep« gewöhnt war! Ich verstand die Bedeutung nicht, aber Kinder ziehen häufig den Klang der Bedeutung vor. »Halleluja! Denn der Herr, unser Gott, der Allmächtige, hat die Herrschaft angetreten.«[18] Die Apo-

kalypse steckt voll solch klingender Phrasen, die von den Ungebildeten in den Freikirchen wegen ihrer großen liturgischen Kraft
geliebt werden. »Und er tritt die Kelter voll vom Wein des grimmi-
gen Zornes Gottes, des Allmächtigen.«[19]

Nein, für mich ist die Apokalypse insgesamt zu vollgestopft
mit verbissenen Gefühlen, zu fanatisch und moralistisch, um ein
grandioser verkleideter Sternenmythos zu sein. Und doch besitzt
sie eine innige Verbindung zu den Sternenmythen und der Bewegung der astrologischen Himmel, eine Art versunkene Ster-
nendeutung. Und nichts beglückt mich mehr, als der allzu moralischen kirchlichen Bedeutung des Buches zu entfliehen, hin zu
einer weiteren, älteren, prächtigeren Bedeutung. Tatsächlich besteht eine der wirklichen Freuden meines fortgeschrittenen Al-
ters darin, zur Bibel zurückzukehren und neue Übersetzungen zu
lesen, zum Beispiel die von Moffatt[20], und mich mit der modernen Forschung und der modernen Kritik an einigen Büchern des
Alten Testaments und der Evangelien zu beschäftigen, um ein
neues Konzept der Schrift zu gewinnen. Die moderne Forschung war in der Lage, die Bibel wieder in ihren lebendigen
Kontext zu stellen, und es ist wundervoll: sie ist nicht länger ein
Buch jüdischer Moral und ein Stock, um einen unmoralischen
Hund zu prügeln, sondern ein faszinierender Bericht über die
Abenteuer des jüdischen – oder hebräischen oder israelitischen –
Volkes inmitten der großen alten zivilisierten Völker der Ver-
gangenheit: Ägypten, Assyrien[21], Babylonien und Persien, dann
geht es in die Welt der Hellenen, der Seleukiden[22] und der
Römer, Pompeius und Antonius[23]. Die Bibel in einer neuen
Übersetzung zu lesen, versehen mit modernen Anmerkungen
und Kommentaren, ist faszinierender, als Homer zu lesen, denn
das Abenteuer reicht noch tiefer in die Zeit und in die Seele, und
es geht über Jahrhunderte, bewegt sich von Ägypten nach Ur
und nach Ninive, von Saba nach Tarschisch[24] und Athen und
Rom. Das ist das eigentliche Mark der antiken Geschichte.

23

Und die Apokalypse, das letzte und vermutlich das neueste der biblischen Bücher, erlangt neues Leben, ein großartiges neues Leben, wenn wir uns ihre Symbole betrachten und dem Weg folgen, den sie uns zeigen. Der Text führt uns direkt in die großartige, chaotische hellenistische Welt des ersten Jahrhunderts: hellenistisch, nicht römisch. Aber die Symbole führen uns viel weiter zurück.

Sie führen Frederick Carter zurück nach Chaldäa und Persien, denn seine Himmel sind die späten chaldäischen und seine Mysterien sind hauptsächlich die des Mithras[25]. Andeutungen, wir haben äußerlich nur Andeutungen. Aber der Rest befindet sich in uns, und es ist erstaunlich, wie weit und in welch faszinierende Welten uns Andeutungen führen können, wenn wir sie aufnehmen. Die orthodoxen Gelehrten werden sagen: Phantasterei! Nichts als Phantasie! Aber dann laßt uns Gott für die Phantasie danken, wenn sie unser Leben so zu bereichern vermag.

Und selbst so ist der »Vorwurf« nicht ganz richtig. Die Apokalypse hat eine alte, versunkene astrologische Bedeutung, und wahrscheinlich sogar einen alten astrologischen Plan. Die Hinweise sind zu deutlich und zu prachtvoll: so wie die Ruinen eines alten Tempels, der in eine christliche Kirche eingebaut wurde. Ist es eine größere Phantasterei, zu versuchen, den eingebetteten Tempel zu rekonstruieren, als zu behaupten, die eingefügten Bilder und Säulen wären lediglich Schottersteine im christlichen Gebäude und hätten keinerlei Bedeutung? Es ist eine genau so große Phantasterei, Bedeutung zu leugnen, wo sie vorhanden ist, wie eine zu erfinden, wo keine ist. Und es ist viel stumpfsinniger. Denn die erfundene Bedeutung mag immerhin noch ein eigenes Leben besitzen.

DIE APOKALYPSE

I

pokalypse bedeutet einfach Offenbarung, obwohl an dieser nichts einfach ist, da die Menschen sich seit fast zweitausend Jahren ihren Kopf darüber zerbrechen, was genau in dieser Orgie der Mystifizierung offenbart wird. Der moderne Verstand hat im allgemeinen eine Abneigung gegen Mystifizierungen und findet die Apokalypse von allen Büchern der Bibel wahrscheinlich am uninteressantesten.

Das war zuerst auch mein Empfinden. Von meinen frühesten Jahren bis ins Mannesalter wurde mir die Bibel, wie jedem anderen Kind in den Familien der Nonkonformisten[26], in mein wehrloses Bewußtsein eingetrichtert, bis zum Sättigungspunkt. Lange bevor man darüber nachdenken oder sie gar verstehen konnte, wurde diese Sprache der Bibel, wurden diese »Bibelrationen« über Verstand und Bewußtsein *ergossen*, bis sie einsickerten. Sie wurden zu einem Faktor, der die Gedanken und Gefühlsregungen beeinflußte. Obwohl ich heute meine Bibel »vergessen« habe, brauche ich nur anfangen, ein Kapitel zu lesen, um zu merken, daß ich es mit einer fast ekelerregenden Genauigkeit »kenne«. Und ich muß gestehen, meine spontane Reaktion ist die der Abneigung, des Widerwillens, ja, der Abscheu. Rein instinktiv *verabscheue* ich die Bibel.

Der Grund dafür ist mir heute völlig klar. Die Bibel wurde nicht nur, portionsweise, in das kindliche Bewußtsein eingebleut, tagein, tagaus, jahrein, jahraus, wohl oder übel, ob das Bewußtsein es aufnehmen konnte oder nicht, sondern sie wurde auch, tagein, tagaus, jahrein, jahraus, ausgelegt, dogmatisch und immer auch moralisch ausgelegt, sei es in der täglichen Schule, in der Sonntagsschule, zu Hause oder beim »Band of Hope« oder dem »Christian Endeavour«.[27] Die Interpretation war immer dieselbe, ob sie vom Doktor der Theologie auf der Kanzel stammte, oder von dem großen Schmied, der in der Sonntagsschule mein Lehrer war. Nicht nur, daß die Bibel buchstäblich in das Bewußtsein hineingetreten wurde, so wie unzählige Fußabdrücke eine Oberfläche festtreten, die Fußabdrücke wiederholten sich immer wieder mechanisch, die Interpretation war festgelegt, so daß jedes wirkliche Interesse verloren ging.

Diese Prozedur vereitelte selbst ihre Absicht. Während jüdische Poesie die Gefühle durchdrang, und jüdische Moral die Instinkte, wurde der Verstand stumpf und widerwillig und wies schließlich die gesamte biblische Autorität zurück. Er wandte sich mit Abscheu völlig von der Bibel ab. Und das gilt für viele Menschen meiner Generation.

Nun lebt ein Buch so lange, wie es nicht ausgelotet ist. Ist es einmal ausgelotet, stirbt es sofort. Es ist eine erstaunliche Sache, wie ausgesprochen anders ein Buch sein kann, wenn ich es nach fünfzig Jahren noch einmal lese. Manche Bücher gewinnen immens, sie werden ein völlig neues Ding. Sie sind so überraschend anders, daß sie einen an der eigenen Identität zweifeln lassen. Andere Bücher verlieren dagegen immens. Ich habe *Krieg und Frieden*[28] ein weiteres Mal gelesen, und war erstaunt, wie wenig es mich berührte. Ich war beinahe entsetzt, als ich an die Begeisterung dachte, die ich einst verspürte, und die jetzt verschwunden war.

So ist es nun einmal. Ist ein Buch erst ausgelotet, ist es einmal *verstanden* und seine Bedeutung festgelegt oder etabliert, dann ist es tot. Ein Buch lebt nur solange, wie es die Kraft hat, uns zu bewegen, uns *unterschiedlich* zu bewegen, solange wir es jedesmal *verschieden* empfinden, wenn wir es lesen. Die Flut der hohlen Bücher, die tatsächlich nach einmaligem Lesen erschöpft sind, ist schuld daran, daß der moderne Verstand dazu neigt zu glauben, jedes Buch wäre gleichermaßen mit einmaligem Lesen erledigt. Aber dem ist nicht so. Und langsam wird sich der moderne Verstand dessen wieder bewußt werden. Die wahre Freude an einem Buch liegt darin, es wieder und wieder zu lesen und es jedesmal anders zu finden, eine andere Bedeutung zu entdecken, eine andere Stufe von Bedeutung. Es ist, wie gewöhnlich, eine Frage der Wertschätzung. Wir sind so erschlagen von der *Quantität* an Büchern, daß wir kaum mehr wahrnehmen, wie wertvoll ein Buch sein kann. So wertvoll wie ein Juwel oder ein schönes Bild, in das wir tiefer und tiefer schauen können und jedesmal eine tiefere Erfahrung machen. Es ist weit weit besser, ein Buch mit zeitlichen Abständen sechs Mal zu lesen, als sechs verschiedene Bücher zu lesen. Denn wenn ein bestimmtes Buch dich dazu bringt, es sechs Mal zu lesen, dann wird es jedesmal eine tiefere und tiefere Erfahrung sein, und es wird die ganze Seele bereichern, emotional und mental. Dagegen sind sechs einmal gelesene Bücher bloß eine Anhäufung von oberflächlichem Interesse, die belastende Anhäufung der modernen Zeit, Quantität ohne wirklichen Wert.

Wir werden nun sehen, wie sich die lesende Öffentlichkeit wieder in zwei Gruppen unterteilt: die große Masse, die zum Amüsement und aus zeitweiligem Interesse liest, und die kleine Minderheit, die nur die Bücher möchte, die einen Wert für sie haben, Bücher, die eine Erfahrung vermitteln, und immer tiefere Erfahrungen.

Die Bibel ist ein Buch, das für uns zeitweise getötet worden war, oder für einige von uns, weil seine Bedeutung willkürlich festgelegt wurde. Wir kennen sie in ihrer oberflächlichen oder populären Bedeutung so durch und durch, daß sie tot ist, sie gibt uns nichts mehr. Schlimmer noch, durch die alte Gewohnheit haben wir sie beinahe verinnerlicht und uns einen Gefühlszustand aufgebürdet, der uns nun zuwider ist. Wir verabscheuen dieses »Dissenter«- und Sonntagsschulen-Gefühl, das die Bibel zwangsläufig in uns wachruft. Wir wollen uns von dieser ganzen *Vulgarität* frei machen – denn es ist vulgär.

Das vielleicht abstoßendste Buch der Bibel ist, oberflächlich betrachtet, die Offenbarung. Ich bin mir sicher, daß ich das

Buch, als ich zehn war, zehn Mal gehört und gelesen hatte, ohne es gemerkt oder darauf geachtet zu haben. Und ohne es zu wissen oder darüber nachzudenken hat es, da bin ich mir sicher, eine Abneigung in mir hervorgerufen. Ohne mir darüber klar zu sein, muß ich von frühester Kindheit an die frömmelnde, affektierte, feierliche, ominöse und laute Art verabscheut haben, in der jedermann die Bibel las, seien es Pfarrer oder Lehrer oder gewöhnliche Leute. Ich verabscheute den »Pfarrer-Tonfall« bis ins Mark. Und dieser Tonfall, daran erinnere ich mich, war immer am schlimmsten, wenn er Abschnitte aus der Offenbarung sprach. Selbst die Verse, die mich immer noch faszinieren, kann ich mir nicht ohne ein Schaudern in Erinnerung rufen, denn ich höre immer noch das ominöse Deklamieren des pietistischen Kirchenmannes: »Und ich sah den Himmel offen; und siehe, ein weißes Pferd. Und der darauf saß, heißt« – und da setzt meine Erinnerung plötzlich aus, sie löscht vorsätzlich die folgenden Worte aus: »Treu und Wahrhaftig«[29]. Schon als Kind haßte ich die Allegorie: Menschen, die die Namen von bloßen Eigenschaften haben, wie dieser jemand auf einem weißen Pferd, der »Treu und Wahrhaftig« heißt. Deswegen konnte ich auch nie *Pilgrim's Progress*[30] lesen. Als ich als kleiner Junge von Euklid das »Das Ganze ist mehr als das Teil« lernte,[31] begriff ich sofort, daß dies für mich das Problem der Allegorie löste. Ein Mensch ist mehr als ein Christ, ein Reiter auf einem weißen Pferd muß mehr sein als bloß Treu und Wahrhaftig. Wenn Menschen bloße Personifikationen von Eigenschaften sind, dann hören sie auf, Menschen für mich zu sein. Obwohl ich als junger Mann Spenser und seine *Faerie Queen*[32] geradezu verehrt habe, mußte ich bei seinen Allegorien doch schlucken.

Aber die Apokalypse ist mir unangenehm, und das war sie seit frühester Kindheit. Besonders die aufgebauschte Bildersprache ist in ihrer völligen Unnatürlichkeit geschmacklos. »Und vor dem Thron war es wie ein gläsernes Meer, gleich einem Kristall, und in der Mitte rings um den Thron waren vier himmlische Gestalten, voller Augen vorne und hinten. Die erste Gestalt glich einem Löwen, und die zweite Gestalt glich einem Stier, und die dritte sah aus wie ein Mensch, und die vierte Gestalt glich einem fliegenden Adler. Jede der vier Gestalten hatte sechs Flügel, die waren außen und innen voller Augen; und Tag und Nacht sprachen sie ohne Aufhören: Heilig, heilig, heilig ist Gott der Herr, der Allmächtige, der war und der ist und der kommt.«[33]

Ein Abschnitt wie dieser störte und irritierte meinen jungenhaften Verstand wegen seiner pompösen Widernatürlichkeit. Wenn das bildhaft sein soll, dann ist es eine Bildhaftigkeit, die man sich nicht »einbilden« kann, denn wie können die vier Gestalten »voller Augen vorne und hinten« sein? Und wie können sie »in der Mitte rings um den Thron« sein? Sie können nicht irgendwo sein und dann zur selben Zeit auch woanders. Aber so ist die Apokalypse.

Weiterhin ist die Bildersprache ausgesprochen unpoetisch und willkürlich. Manches ist wirklich häßlich, all dies durchs Blut waten, das blutgetränkte Gewand des Reiters und daß die Leute im Blut des Lammes baden. Auch solche Phrasen wie »der Zorn des Lammes« sind auf den ersten Blick lächerlich.[34] Aber das ist die eindrucksvolle Phrasierung und Metaphorik der Freikirchen, all der Bethel-Gemeinden[35] von England und Amerika und die der Heilsarmee[36]. Und lebendige Religion, so heißt es, war zu allen Zeiten unter den ungebildeten Menschen zu finden.

Und unter den ungebildeten Leuten grassiert die Offenbarung noch immer. Ich glaube, sie hatte tatsächlich, und hat vielleicht immer noch, mehr Einfluß als die Evangelien oder die bekannten Epistel. Die ungeheure Brandmarkung von Königen und Herrschern und von der Hure, die an den Wassern sitzt, spricht einer Gemeinde von Bergleuten und ihrer Ehefrauen aus dem Herzen, die sich Dienstags in einer schwarzen Winternacht in der großen, scheunenartigen Pentecost-Kapelle[37] versammeln. Und die großen Lettern des auf der Stirn geschriebenen Namens, DAS RÄTSELWORT: DAS GROSSE BABYLON, DIE MUTTER DER HUREREI UND ALLER GREUEL AUF ERDEN [38] elektrisiert die alten Bergleute heute genauso wie es die puritanischen Bauern Schottlands und die wilderen der frühen Christen elektrisiert hat. Für die frühen Christen im Untergrund bedeutete das Große Babylon Rom, die große Stadt und das große Imperium, das sie verfolgte. Es war eine große Befriedigung, es anzuprangern und größte Not und Zerstörung über es zu bringen, über all seine Könige, seinen Reichtum, seine Pracht. Nach der Reformation wurde Babylon einmal mehr mit Rom gleichgesetzt, aber diesmal war der Papst gemeint, und im protestantischen und freikirchlichen England und Schottland verkündete man lauthals das Verdikt des Heiligen Johannes mit dem Ausruf: »Sie ist gefallen, sie ist gefallen, Babylon, die große Stadt und ist eine Behausung der Teufel geworden und ein Gefängnis aller unreinen Geister und ein Gefängnis aller unreinen Vögel –.«[39] Heutzutage werden diese Worte noch immer verbreitet, und manchmal werden sie dem Papst und der Römisch-Katholischen Kirche entgegengeschleudert, die anscheinend ihr Haupt wieder erhebt. Aber weit öfter bezeichnet Babylon heute die reichen und sündigen Leute, die in Reichtum und Hurerei leben, irgendwo in der Ferne, in London, in New York, oder, am schlimmsten von allem, in Paris, und die in ihrem ganzen Leben noch keinen Fuß ins »Gotteshaus« gesetzt haben.

Es ist sehr angenehm, wenn du arm und *nicht* demütig bist – und die Armen mögen unterwürfig sein, aber sie sind fast *nie* wirklich, im christlichen Sinne, demütig – deine übermächtigen Feinde mit Zerstörung zu überziehen und ihnen eine totale Niederlage beizubringen, während du selbst zur Größe gelangst. Und nirgends geschieht das so prachtvoll wie in der Offenbarung. In Jesu Augen waren die Pharisäer[40] die großen Feinde, die auf den Buchstaben des Gesetzes herumritten. Aber die Pharisäer sind den Bergleuten und den Fabrikarbeitern zu fern und zu subtil. Die Heilsarmee an der Straßenecke wettert selten gegen die Pharisäer. Sie ereifern sich über das Blut des Lammes, über Babylon, über Sünde und Sünder, über die große Hure und Engel, die Wehe! Wehe! Wehe! klagen, und über die Schalen Gottes, aus denen sich schreckliche Plagen ergießen. Und vor allem darüber, wie man Errettet wird und mit dem Lamm auf dem Thron sitzt und in Herrlichkeit herrschen wird, wie man Ewigliches Leben erlangt und in einer gewaltigen Stadt lebt, die aus Jaspis erbaut ist und Perlentore hat. Eine Stadt, »die weder Sonne noch Mond braucht, damit es hell in ihr wird«.[41] Wenn du der Heilsarmee zuhörst, dann wirst du merken, daß sie sehr mächtig sein werden, wirklich sehr mächtig, wenn sie erstmal im Himmel sind. *Dann* werden sie dir zeigen, wo es langgeht. *Dann* werden sie dich auf deinen Platz verweisen, du überlegener Mensch, du Babylon: drunten in Hölle und Schwefel.

Das ist absolut der Ton der Offenbarung. Nachdem wir dieses reizende Buch einige Male gelesen haben, wird uns klar, daß der Heilige Johannes, oberflächlich betrachtet, einen grandiosen Plan geschmiedet hat, um jeden auszulöschen und zu beseitigen, der nicht zu den Auserwählten, kurzum, zu den erretteten Menschen gehörte, und um selbst den Thron Gottes zu besteigen. Mit dem Aufkommen der Freikirchen haben die Dissenter die jüdische Vorstellung des auserwählten Volkes für sich selbst in Anspruch genommen. Das waren sie, die Auserwählten oder die »Erretteten«. Und sie übernahmen die jüdische Idee des endgültigen Triumphes und der Herrschaft der Auserwählen. Von Straßenkötern würden sie zu Rassehunden – im Himmel. Und wenn sie nicht direkt auf dem Throne säßen, dann aber auf dem Schoß des inthronisierten Lammes. Das ist die Lehre, die man jede Nacht von der Heilsarmee zu hören bekommt, oder in jeder Bethel- oder Pentecost-Gemeinde. Wenn es nicht Jesus ist, dann ist es Johannes. Wenn es nicht die Evangelien sind, ist es die Offenbarung. Das ist volkstümliche Religion, im Unterschied zu besinnlicher Religion.

II

Zumindest war das volkstümliche Religion, als ich ein Junge war. Und ich kann mich erinnern, wie ich mich als Kind über das merkwürdige Gebaren von Selbstherrlichkeit gewundert habe, das man bei den ungebildeten Gemeindeältesten beobachtete, besonders in den Kreisen der Ursprünglichen Methodisten[42]. Sie waren überhaupt nicht fromm, sanftzüngig oder skrupulös, diese Bergleute mit dem starken Dialekt, die die Pentecost-Gemeinden leiteten. Sie waren sicher nicht demütig oder kleinlaut. Nein, sie kamen aus der Grube und setzten sich polternd zu Tische und ihre Frauen und Töchter liefen, um sie bereitwillig zu bedienen und ihre Söhne gehorchten ihnen ohne allzu große Halsstarrigkeit. Ihr Heim war rauh, doch nicht ungemütlich, und es lag ein merkwürdiger Hauch von Geheimnis oder Macht darüber, als ob die Leute der Gemeinde tatsächlich von oben eine rohe Macht verliehen bekommen hatten. Nicht Liebe, sondern ein rohes, eher wildes, ganz »spezielles« Machtgefühl. Sie waren sich so *sicher,* und in der Regel ordneten ihre Frauen sich ihnen unter. Sie führten die Gemeinde, so konnten sie ihren Haushalt führen. Ich habe mich darüber gewundert, aber es gefiel mir irgendwie. Und selbst ich hielt es eher für »normal«. Ich kann mir nicht vorstellen, daß meine Mutter, die den Kongregationalisten[43] angehörte, je in ihrem Leben einen Fuß in eine Kirche der Ursprünglichen Methodisten gesetzt hat. Und sie war sicherlich nicht dazu geschaffen, sich ihrem Gatten unterzuordnen. Wäre er ein richtig dreister Mann der Dissenter gewesen, wäre sie wohl zweifelsohne milder zu ihm gewesen. Dreistigkeit, das war die hervorstechende Eigenschaft der Dissenter. Aber es war eine spezielle Art von Dreistigkeit, eine von oben autorisierte. Und heute weiß ich, daß ein guter Teil dieser speziellen Art religiöser Dreistigkeit sich auf die Apokalypse stützte.

Es mußten erst viele Jahre vergehen, und inzwischen hatte ich ein wenig über vergleichende Religionswissenschaft und über die Geschichte von Religion gelesen, bis mir klar wurde, was für ein seltsames Buch das war, das den Bergleuten der Pentecost- und Beauvale-Gemeinden[44] in den düsteren Dienstagnächten solch ein eigenartiges Gefühl von besonderer Autorität und religiöser Dreistigkeit verschaffte. Seltsam herrliche schwarze Nächte im Norden der Midlands, mit den zischenden Gaslampen in den Kirchen und dem Dröhnen der stimmgewaltigen Bergleute. Volkstümliche Religion: eine Religion der Selbstverherrlichung und der Macht, ewiglich! und voller Dunkelheit. Ohne ein klagendes »Führe uns, gütiges Licht!«[45] darin.

Je länger man lebt, desto bewußter wird einem, daß es zwei Arten von Christentum gibt. Das eine konzentriert sich auf Jesus und das Gebot »Liebet einander!«[46] – und das andere konzentriert sich, nicht auf Paulus oder Petrus oder den Lieblingsjünger Johannes, sondern auf die Apokalypse. Es gibt das Christentum der Güte. Aber so weit ich das sehe, wurde es völlig vom Christentum der Selbstverherrlichung beseite gestoßen, der Selbstverherrlichung der Demütigen.

Man kommt nicht daran vorbei, die Menschheit teilt sich immer in die beiden Gruppen der Aristokraten und der Demokraten. Die reinsten Aristokraten haben während der christlichen Ära Demokratie gelehrt. Und die reinsten Demokraten haben versucht, sich in absolute Aristokraten zu verwandeln. Jesus war ein Aristokrat, ebenso der Apostel Johannes und Paulus. Es braucht einen großen Aristokraten, um zur Güte und Sanftheit und Selbstlosigkeit fähig zu sein, zur Güte und Sanftheit der *Stärke*. Von den Demokraten wird dir oft die Güte und Sanftheit der Schwäche entgegengebracht, das ist etwas ganz anderes. Aber normalerweise bekommt man Härte zu spüren.

Wir sprechen jetzt nicht von politischen Parteien, sondern von den zwei Arten der menschlichen Natur, von denen, die sich selbst in ihrer Seele stark fühlen, und denen, die sich schwach fühlen. Jesus, Paulus und der größere Johannes fühlten sich stark. Johannes von Patmos fühlte sich tief in seiner Seele schwach.

Zu Zeiten Jesu hatten die innerlich starken Menschen überall ihr Verlangen zu herrschen verloren. Sie wollten ihre Stärke von weltlicher Herrschaft und weltlicher Macht abwenden und sie für eine andere Form von Leben nutzen. Dann erhoben sich die Schwachen in *unbegründeter* Überheblichkeit und fingen an, ihrem ungezügelten Haß auf die »offensichtlich« Starken Ausdruck zu geben, den Leuten, die die weltliche Macht hatten.

So wurden die Religionen zweigeteilt , besonders die christliche. Die Religion der Starken lehrte Entsagung und Liebe. Und die Religion der Schwachen lehrte *nieder mit den Starken und Mächtigen und verherrlicht die Armen.* Da es immer mehr schwache als starke Menschen auf der Welt gibt, hat die zweite Sorte des Christentums triumphiert und wird weiter triumphieren. Wenn die Schwachen nicht beherrscht werden, dann werden sie herrschen, und damit hat's sich. Und die Herrschaft der Schwachen heißt *Nieder mit den Starken!*

Die große biblische Autorität hinter diesem Schlachtruf ist die Apokalypse! Die Schwachen und Pseudo-Demütigen werden alle weltliche Macht, Herrlichkeit und Reichtümer vom Angesicht der Erde hinwegfegen, und dann werden sie, die wahrhaft Schwachen, zu herrschen beginnen. Es wird ein Millennium der pseudo-demütigen Heiligen, eine schauerliche Vorstellung. Aber dafür steht heutzutage die Religion: nieder mit allem starken, freien Leben, laßt die Schwachen triumphieren, laßt die Pseudo-Demütigen herrschen. Die Religion der Selbstverherrlichung der Schwachen, die Herrschaft der Pseudo-Demütigen. Das ist der Geist der heutigen Gesellschaft, religiös wie politisch.

III

Und genau das war die Religion des Johannes von Patmos. Es heißt, er sei schon ein alter Mann gewesen, als er im Jahre 96 A. D. die Apokalypse fertigstellte. Dieses Datum wurde von modernen Gelehrten auf Grund einer »inneren Schlüssigkeit« festgelegt.

Nun gab es in der frühen christlichen Geschichte drei verschiedene Johannes. Johannes der Täufer, der Jesus getauft und eine eigene Religion oder zumindest Sekte gegründet hatte. Deren eigenartige Glaubensvorstellungen wirkten noch Jahre nach Jesus Tod nach. Dann gab es den Apostel Johannes, von dem man annimmt, daß er das vierte Evangelium und einige Episteln geschrieben hat. Und schließlich war da noch dieser Johannes von Patmos, der in Ephesos gelebt hat und wegen einiger religiöser Vergehen gegen den römischen Staat auf Patmos ins Gefängnis geschickt wurde. Er wurde aber nach einigen Jahren von seiner Insel entlassen und kehrte nach Ephesos zurück, wo er, so will es die Legende, ein sehr hohes Alter erreichte.

Lange Zeit glaubte man, daß der Apostel Johannes, dem das vierte Evangelium zugeschrieben wird, auch die Apokalypse geschrieben hat. Es kann aber nicht sein, daß derselbe Mensch beide Werke verfaßt hat, so fremd sind sie einander. Der Autor des vierten Evangeliums war mit Sicherheit ein gebildeter »griechischer« Jude, und einer der großen Inspiratoren des mystischen, »liebenden« Christentums. Johannes von Patmos muß einen gänzlich anderen Charakter gehabt haben. Er hat sicherlich zu ganz anderen Gefühlen inspiriert.

Wenn wir die Apokalypse einmal ernsthaft und kritisch lesen, dann erkennen wir, daß sie eine tiefe und wichtige christliche Lehre enthüllt, die weder den wirklichen Christus in sich trägt, nichts von dem wahren Evangelium, nichts von dem *schöpferischen*

Atem des Christentums, und die trotzdem die vielleicht wirksamste Lehre der ganzen Bibel ist. Das bedeutet, daß sie durchs christliche Zeitalter hindurch auf die mittelmäßigen Leute eine größere Wirkung ausgeübt hat, als jedes andere Buch der Bibel. Die Apokalypse des Johannes ist, so wie sie dasteht, das Werk eines mittelmäßigen Geistes. Es spricht besonders stark mittelmäßige Geister in jedem Land und in jedem Jahrhundert an. Und merkwürdig genug, so unverständlich sie ist, war sie ohne Zweifel die größte Quelle der Inspiration für die breite Masse der christlichen Geister – die breite Masse ist immer Mittelmaß – seit dem ersten Jahrhundert. Und uns wird mit Schrecken klar, das ist es, dem wir heute gegenüberstehen: nicht Jesus oder Paulus, sondern Johannes von Patmos.

Die christliche Lehre der Liebe war bestenfalls eine Ausflucht. Selbst Jesus sollte im »Jenseits« herrschen, wenn sich seine »Liebe« in gefestigte Macht verwandelt hätte. Diese ganze Idee der himmlischen Herrschaft wurde zur Wurzel des Christentums. Sie ist natürlich nur ein Ausdruck des frustrierten Begehrens, hier und jetzt zu herrschen. Die Juden ließen sich nicht unterkriegen: sie waren dazu bestimmt, die Erde zu regieren, also fingen sie um 200 v. Chr., als der Tempel zu Jerusalem[47] zum zweiten Mal zerstört wurde, damit an, sich die Ankunft eines kriegerischen und triumphierenden Messias auszumalen, der die Welt erobern würde. Die Christen übernahmen das als die Wiederkunft Christi, bei der Jesus der heidnischen Welt den Todesstoß versetzen und eine Herrschaft der Heiligen begründen würde. Johannes von Patmos dehnte diese ursprünglich bescheidene Herrschaft der Heiligen (von vierzig Jahren) auf die riesige Ziffer von tausend Jahren aus, und so ergriff das Millennium[48] von der Phantasie der Menschen Besitz.

So schlich sich der große Feind des Christentums in das Neue Testament ein, der Geist der Macht. Im allerletzten Moment, als der Teufel schon so schön ausgeschlossen schien, schlüpfte er, in die Maske der Apokalypse gehüllt, hinein, und inthronisierte sich selbst als Offenbarung am Ende des Buches.

Denn die Offenbarung, das sei ein für alle Mal gesagt, ist die Offenbarung des unsterblichen Willens zur Macht im Menschen, und seine Heiligung und sein letztendlicher Triumph. Und wenn du auch Märtyrertum zu erleiden hast, und wenn das ganze Universum auf dem Weg dahin zerstört werden muß, trotz allem, o Christ, sollst du als König herrschen und deinen Fuß in den Nacken der alten Bosse setzen!

Das ist die Botschaft der Offenbarung.

Und genauso unvermeidlich es war, daß Jesus einen Judas Ischariot unter seinen Jüngern hatte, so mußte auch eine Offenbarung im Neuen Testament sein.

Warum? Weil es die menschliche Natur verlangt und es immer verlangen wird.

Das Christentum des Jesus spricht nur einen Teil unserer Natur an. Es gibt einen großen Teil, den es nicht anspricht. Und diesen Teil spricht die Offenbarung an, das beweist dir die Heilsarmee.

Die Religionen der Entsagung, Meditation und Selbsterkenntnis sind allein für Individuen. Aber der Mensch ist nur zu Teilen seiner Natur Individuum. Ein anderer großer Teil in ihm gehört zum Kollektiv.

Die Religionen der Entsagung, Meditation, Selbsterkenntnis und reiner Moral sind für Individuen, aber auch nicht fürs ganze Individuum. Doch drücken sie die individuelle Seite der menschlichen Natur aus. Sie isolieren diese Seite seiner Natur. Und sie schneiden die andere Seite dieser Natur ab, die kollektive Seite. Die niedrigste Schicht der Gesellschaft ist immer nicht-individuell, also muß man dort hinschauen, um die andere Manifestation der Religion zu entdecken.

Die Religionen der Entsagung, wie Buddhismus, Christentum oder die Philosophie Platons, sind für Aristokraten, für Aristo-

kraten des Geistes. Die Aristokraten des Geistes finden ihre
Erfüllung in Selbstverwirklichung und im Dienen. Den Armen
dienen. Schön und gut. Aber wem werden die Armen dienen?
Das ist die große Frage. Und Johannes von Patmos beantwortet
sie. Die Armen werden sich selbst dienen und ihre Selbstverherrlichung betreiben. Und mit den Armen meinen wir nicht
bloß die Bedürftigen. Wir meinen die rein kollektiven Seelen, die
schrecklich »Mittelmäßigen«, die keine aristokratische Abge-
schiedenheit und Einsamkeit kennen.

Die breite Masse besteht aus diesen mittelmäßigen Seelen. Sie
besitzen keine aristokratische Individualität, so wie sie von Christus oder Buddha[49] oder Platon[50] verlangt wird. So drängen sie
sich in der Masse zusammen und sind heimlich erpicht auf ihre
absolute Selbstverherrlichung. Die Patmosser.

Nur wenn er alleine ist, kann ein Mensch ein Christ, ein
Buddhist oder ein Platoniker sein. Die Christus-Statuen und die
Buddha-Statuen bezeugen dies. Wenn er mit anderen Menschen
zusammen ist, tauchen sofort Unterschiede auf, und es werden
Abstufungen vorgenommen. Sobald er unter anderen Menschen
ist, wird Jesus zum Meister, zum Aristokraten. Buddha ist immer
Lord Buddha. Franz von Assisi[51], der so sehr versuchte, demütig
zu sein, gelangte dadurch schließlich nur zu subtilen Mitteln der
absoluten Macht über seine Anhänger. Shelley[52] konnte es nicht
ertragen, nicht der Aristokrat seines Gefolges zu sein. Lenin[53] war
ein Tyrann in schäbigen Kleidern.

Das ist eine Tatsache! Macht existiert und wird immer existieren. Sobald zwei oder drei Menschen zusammenkommen,
besonders um etwas zu *tun*, entsteht Macht und ein Mensch ist
ein Anführer, ein Meister. Das ist unvermeidlich.

Akzeptiere es. Erkenne die natürliche Macht in den Menschen an, so wie die Menschen es in der Vergangenheit getan
haben. Erweise ihr Ehre, dann wird sich Freude breitmachen
und es wird einen Auftrieb geben, Stärke wird von den

Mächtigen auf die weniger Mächtigen übergehen. Es gibt einen Strom von Macht. Und darin leben die Menschen im Kollektiv am besten, jetzt und immer. Erkenne die Flamme der Macht oder der Herrlichkeit an, und eine entsprechende Flamme wird in dir selbst auflodern. Erweise einem Helden Ehre und Gefolgschaft, und du wirst selbst heroisch. Das ist männliches Gesetz. Vielleicht lautet das Gesetz der Frauen anders.

Wenn du dich jedoch dagegen sträubst, was passiert dann? Verleugne Macht, und die Macht wird schwinden. Verleugne die Macht in einem großen Menschen, und du hast selber keine Macht. Aber die Gesellschaft muß regiert und beherrscht werden, jetzt und immer. Also muß die Masse *Autorität* billigen, wo sie Macht verleugnet. Heute nimmt Autorität den Platz der Macht ein und wir haben Minister, Beamte und Polizisten. Dann beginnt aus lauter Ehrgeiz und Wetteifer die große Balgerei und die Masse tritt einander ins Gesicht, so sehr fürchten sie sich vor der Macht.

Ein Mann wie Lenin ist ein großer bösartiger Heiliger, der an die völlige Zerstörung von Macht glaubt. Das macht Menschen unaussprechlich kahl, nackt, gemein, kläglich und gedemütigt. Abraham Lincoln[54] ist ein halb-böser Heiliger, der *beinahe* an die völlige Zerstörung von Macht glaubt. Präsident Wilson[55] ist ein wenig böser Heiliger, der ein wenig an die Zerstörung von Macht glaubt – der sich aber selbst in Größenwahn und nervenkranke Tyrannei trieb. Jeder Heilige wird bösartig – und Lenin, Lincoln und Wilson sind so lange wahre Heilige, wie sie rein individuell bleiben. Jeder Heilige wird in dem Moment böse, wo er das kollektive Selbst der Menschen berührt. Dann ist er ein Verführer, so auch Platon. Die großen Heiligen sind nur für das *individuelle*, und das heißt, nur für eine Seite unserer Natur, denn in unseren tiefen Schichten sind wir kollektiv, das können wir nicht ändern. Und das kollektive Selbst lebt und bewegt sich und entfaltet sein Wesen in einer Beziehung zur Macht. Oder umgekehrt, es lebt im jämmerlichen Elend, wenn man versucht, Macht zu zerstören, und wird selbst zerstört.

Aber heutzutage hat der Wille, die Macht zu zerstören, seinen Gipfel erreicht. Große Könige wie der verstorbene Zar[56] – wir meinen groß von der Stellung her – werden durch den Anti-Willen der breiten Masse, den Willen, die Macht zu negieren, beinahe in den Schwachsinn getrieben. Moderne Könige werden negiert, bis sie fast zu Idioten werden. Und dasselbe geschieht mit jedem Menschen, der Macht hat, es sei denn, er ist ein Macht-Zerstörer und ein feiger Bösewicht, dann wird die Masse ihn unterstützen. Wie können die Anti-Macht-Massen, vor allem die mittelmäßigen Massen, je einen König haben, der mehr ist als ein Gegenstand von Spott oder Pathos?

Die Apokalypse besteht jetzt fast zweitausend Jahre – die verborgene Seite des Christentums – und ihre Arbeit ist fast vollbracht. Denn die Apokalypse verehrt die Macht nicht, sie will die Mächtigen töten, um selbst, als Schwächling, an die Macht zu gelangen.

Judas mußte Jesus an die Macht verraten, wegen der Verweigerung und der Flucht, die der Lehre Jesu innewohnt. Jesus nahm die Stellung eines reinen Individuums ein, selbst unter seinen Jüngern. Er hat sich nicht *wirklich* unter sie gemischt, oder wirklich mit ihnen zusammen gearbeitet oder gehandelt. *Er war die ganze Zeit alleine.* Er hat sie damit völlig verwirrt, und einen Teil ihres Wesens hat er enttäuscht. Er hat sich geweigert, ihr physischer Herr der Macht zu sein. Die Neigung zur Machtverehrung in einem Menschen wie Judas fühlte sich verraten! So verriet er auch – mit einem Kuß. Und genau so ist die Offenbarung in das Neue Testament gekommen, um den Evangelien den Todeskuß zu geben.

IV

Es ist eine merkwürdige Sache, aber der kollektive Wille einer Gemeinschaft offenbart tatsächlich die *Basis* des individuellen Willens. Die frühen christlichen Kirchen – oder Gemeinden – offenbarten schon sehr bald einen seltsamen Willen zu einer seltsamen Art von Macht. Sie besaßen den Willen, alle Macht zu zerstören, und sich so die letzte, endgültige Macht anzueignen. Das war nicht eigentlich die Lehre Jesu, aber es war die unvermeidliche Konsequenz, die sich in den Köpfen der breiten Masse der Schwächeren und Unterlegenen aus seiner Lehre ergab. Jesus lehrte den Ausweg und die Befreiung durch selbstlose, brüderliche Liebe – ein Gefühl, das nur die Starken kennen können. Und das brachte ohne Zweifel sofort die siegreiche Gemeinde der Schwachen hervor. Und der Wille der Gemeinde der Christen war unsozial, beinahe unmenschlich, da er von Anfang an ein frenetisches Verlangen nach dem Ende der Welt offenbarte, nach der Zerstörung der gesamten Menschheit. Als das nicht eintraf, ergriff sie grimmige Entschlossenheit, alle Herrschaft und alle menschliche Pracht auf der Welt zu zerstören und nur die Gemeinde der Heiligen als letzte Negation der Macht und als endgültige Macht übrigzulassen.

Nach dem Zusammenbruch des düsteren frühen Mittelalters erschien die Katholische Kirche wieder als etwas *menschliches*, etwas Ganzes, ohne Halbheiten. Sie paßte sich den Zeiten der Aussaat und Ernte an, der Sonnenwende zu Weihnachten und im Mittsommer, und sie hielt in den frühen Tagen eine gute Balance zwischen brüderlicher Liebe und natürlicher Herrschaft und Pracht. Jeder Mann erhielt in der Ehe sein eigenes kleines Königreich, und jede Frau ihren eigenen kleinen unverletzbaren Bereich. Diese christliche Ehe, begleitet von der Kirche, war eine großartige Institution wirklicher Freiheit, eine wirkliche Möglichkeit der Erfüllung. Freiheit war nicht mehr, und kann nicht mehr sein, als die Möglichkeit eines erfüllten und befriedigenden Lebens. In der Ehe und in dem großen natürlichen Zyklus der Kirchenrituale und Feste versuchte die frühe Katholische Kirche den Menschen dieses zu ermöglichen. Aber leider verlor die Kirche bald ihr Gleichgewicht und verfiel der weltlichen Gier.

Dann kam die Reformation, und das ganze Spiel begann von vorn: der alte Wille der christlichen Gemeinschaft, die weltliche menschliche Macht zu zerstören und die *negative* Macht der Masse einzusetzen. Heute tobt die Schlacht mit all ihren Schrecken. In Rußland wurde der Triumph über die weltliche Macht besiegelt, und die Herrschaft der Heiligen begann – mit Lenin als oberstem Heiligen.

Und Lenin war ein Heiliger. Er besaß alle Eigenschaften eines Heiligen. So wird er heutzutage auch folgerichtig wie ein Heiliger verehrt. Aber Heilige, die versuchen, alle prächtige Macht der Menschheit zu töten, sind Unmenschen. Genau wie die Puritaner, die dem Buchfinken die bunten Federn ausrupfen wollten. Unmenschen!

Lenins Herrschaft der Heiligen wurde zur Schreckensherrschaft. Sie hat mehr Du-sollst-nicht als jede Herrschaft des »Tiers«[57] oder der Kaiser. Und das wird immer so sein. Jede Herrschaft von Heiligen muß schrecklich sein. Warum? Weil die Natur des Menschen nicht heilig ist. Das *Urbedürfnis*, das alte adamische Bedürfnis in der menschlichen Seele ist, in seiner eigenen Sphäre und soweit er es erreichen kann, ein Herr, ein Meister, ein Ruhmreicher zu sein. Jeder Hahn kann auf seinem eigenen Misthaufen krähen und sein buntes Gefieder aufplustern, jeder Bauer kann in seiner eigenen Hütte ein ruhmreicher kleiner Zar sein, zumal wenn er ein wenig betrunken ist. Und jeder Bauer erfuhr seine Vollendung im Glanz und in der alten

Eleganz des Adels und in der höchsten Pracht des Zaren. Der oberste Herr und Meister, der Prachtvollste. Und es ist ihr eigener prachtvoller Herr. Und sie können ihn mit ihren eigenen Augen erblicken, den Zaren! Das erfüllt eines der tiefsten, größten und mächtigsten Bedürfnisse des menschlichen Herzens. Das menschliche Herz braucht, braucht, braucht Pracht, Glanz, Stolz, Ruhm und Herrschaft. Vielleicht braucht es das sogar mehr als Liebe, zumindest mehr als Brot. Und jeder große König macht jeden zu einem kleinen Herrn in seinem eigenen kleinen Bereich, füllt die Phantasie mit Herrschaft und Pracht, befriedigt die Seele. Die allergefährlichste Sache der Welt ist, einem Menschen seine eigene Erbärmlichkeit, seine eingesperrte Mannhaftigkeit zu zeigen. Das wird ihn deprimieren und ihn tatsächlich erbärmlich *machen*. Wir werden, leider, das, was wir von uns denken. Seit Jahren ist nun schon das mannhafte und prächtige Selbst der Menschen bedrückt, in Trübsinn und Verächtlichkeit gestoßen. Ist das nicht böse? Dann laßt die Menschen selbst etwas dagegen tun.

Ein großer Heiliger wie Lenin – oder Shelley oder der Heilige Franziskus – kann dem natürlichen, stolzen Selbst der Macht nur *sei verflucht! sei verflucht!* entgegenschreien und versuchen, vorsätzlich alle Macht und alle Herrschaft zu zerstören und die Leute arm, oh so arm zurückzulassen! Arm, arm, arm, so sind die Leute in all unseren modernen Demokratien, und am allermeisten verarmt das Leben in absoluten Demokratien, egal wieviel Geld vorhanden ist.

Der Staat ist unmenschlich. Er wird schließlich zum gefährlichsten, weil *blutleeren* und gefühllosen Tyrannen. Lange Zeit haben selbst Demokratien wie Amerika oder die Schweiz auf den Ruf eines Helden geantwortet, der etwas von einem wahren Aristokraten hat, zum Beispiel Lincoln. So stark ist der aristokratische Instinkt im Menschen. Aber die Bereitwilligkeit, dem heroischen, wahrhaft aristokratischen Ruf zu antworten, wird in jeder Demokratie schwächer und schwächer, je weiter die Zeit fortschreitet. Die Geschichte zeigt das. Die Menschen wenden sich gegen den heroischen Appell, mit einer Art Gehässigkeit. Sie werden nur noch den Ruf der Mittelmäßigkeit vernehmen, die die gefühllose tyrannische Macht der Mittelmäßigkeit ausübt, und diese ist bösartig. Daher rührt der Erfolg der so peinlich kleingeistigen und auch niederträchtigen Politiker.

Tapfere Leute summieren sich zu einer Aristokratie. Die Demokratie von Tausenden Du-sollst-nicht ist unweigerlich eine Ansammmlung von schwachen Menschen. Und dann wird der heilige »Volkswille« blinder, gemeiner, kälter und gefährlicher als jede Tyrannenwillkür. Wenn der Wille der Leute zur Summe der Schwäche einer Vielzahl von schwachen Menschen wird, ist es an der Zeit, Einhalt zu gebieten.

So auch heutzutage. Die Gesellschaft besteht aus einer Masse von schwachen Individuen, die sich, aus Angst, vor jedem vorstellbaren, möglichen Bösen zu schützen suchen. Und dadurch, *durch ihre ureigene Angst*, schaffen sie unweigerlich das Böse.

So stellt sich die Christengemeinde heutzutage dar, mit ihrem ständigen, gemeinen Du-sollst-nicht. Das ist die praktische Auswirkung der christlichen Lehre.

V

In der Offenbarung hat sich all das schon abgezeichnet. In erster Linie handelt es sich dabei um etwas, was manche Psychologen als offenbar werden eines vereitelten Strebens nach »Überlegenheit«[58] bezeichnen würden, mit einem sich daraus ergebenden Minderwertigkeitskomplex. Von den positiven Seiten des Christentums, dem Frieden der Meditation und dem Glück des selbstlosen Dienstes, dem Entsagen des Ehrgeizes und der Freude am Wissen, finden wir in der Apokalypse nichts. Denn die Apokalypse ist für die nicht-individuelle Seite der menschlichen Natur gedacht, geschrieben vom verhinderten kollektiven Selbst, wohingegen Meditation und selbstloser Dienst für reine, vereinzelte Individuen sind. Reines Christentum *kann nicht* für ein Volk oder eine ganze Gesellschaft passend sein. Der Große Krieg[59] hat das verdeutlicht. Es paßt nur für Individuen. Das kollektive Ganze braucht eine andere Quelle der Inspiration.

Aber die Apokalypse enthält, so abstoßend ihr Geist sein mag, auch eine andere Inspiration. Sie ist nur deshalb abstoßend, weil sie widerhallt von dem wütenden Knurren des *frustrierten, unterdrückten* kollektiven Selbstes, des frustrierten Machtstrebens im Menschen, der auf Rache sinnt. Aber sie enthält auch Offenbarungen des wahren und positiven Sinns für Macht. Gleich ganz zu Anfang überrascht sie uns: »Johannes an die sieben Gemeinden in der Provinz Asien. Gnade sei mit euch und Friede von dem, DER IST, DER WAR UND DER KOMMT, und von den sieben Geistern, die vor seinem Thron sind, und von Jesus Christus, der der treue Zeuge ist, der Erstgeborene von den Toten und Herr über die Könige auf Erden! Ihm, der uns liebt und von unsern Sünden erlöst hat mit seinem Blut und uns zu Königen und Priestern vor Gott, seinem Vater, gemacht hat, ihm sei Ehre und Gewalt von Ewigkeit zu Ewigkeit! Amen. Siehe, er kommt mit den Wolken, und es werden ihn sehen alle Augen und alle, die ihn durchbohrt haben, und darum werden alle Völker der Erde klagen. Ja, Amen.«[60]

Hier haben wir nun einen merkwürdigen Jesus, ganz anders als der, der in Galiläa am See wandelte.[61] Und das Buch geht weiter: »Am Tag des Herrn wurde ich vom Geist ergriffen und hörte hinter mir eine mächtige Stimme wie von einer Posaune, die sprach: Was du siehst, das schreibe in ein Buch. (...) Da wandte ich mich um und wollte nach der Stimme sehen, die mit mir redete. Und als ich mich umwandte, sah ich sieben goldene Leuchter und mitten unter den Leuchtern einen, der einem Menschensohn gleich war; er trug ein langes Gewand und um die Brust einen goldenen Gürtel. Sein Haupt aber und sein Haar war weiß wie weiße Wolle, wie der Schnee, und seine Augen wie eine Feuerflamme, und seine Füße wie Golderz, das im Ofen glüht, und seine Stimme wie starkes Wasserrauschen; und er hatte sieben Sterne in seiner rechten Hand, und aus seinem Mund ging ein scharfes, zweischneidiges Schwert, und sein Angesicht leuchtete wie die helle Sonne. Als ich ihn sah, fiel ich wie tot vor seine Füße; er aber legte seine rechte Hand auf mich und sprach zu mir: Fürchte dich nicht! Ich bin der Erste und der Letzte und der Lebendige. Ich war tot, und siehe, ich lebe von Ewigkeit zu Ewigkeit und habe die Schlüssel zu Tod und Hölle. Schreibe, was du gesehen hast und was ist und was künftig geschehen soll. Das Geheimnis der sieben Sterne, die du in meiner rechten Hand gesehen hast, und der sieben goldenen Leuchter ist dies: Die sieben Sterne sind Engel der sieben Gemeinden, und die sieben Leuchter sind die sieben Gemeinden. Dem Engel der Gemeinde in Ephesus schreibe: Dies sagt, der die sieben Sterne in seiner Rechten hält, der mitten unter den sieben goldenen Leuchtern einhergeht (...)«[62]

Nun, jener mit dem Schwerte des Logos[63], das von seinem Munde ausging, und den sieben Sternen in der Hand ist der Sohn Gottes, also der Messias, also Jesus. Er ist sehr anders als der Je-

47

sus, der in Gethsemane sagte: »Meine Seele ist betrübt bis an den Tod, bleibt hier und wacht!«[64] – Aber es ist der Jesus, an den die frühe Gemeinde, besonders in Asien, überwiegend geglaubt hat.

Was für ein Jesus ist das? Es ist der große Prachtvolle, beinahe identisch mit dem Allmächtigen in den Visionen von Hesekiel und Daniel.[65] Es ist der unermeßliche Herr des Kosmos, der mitten unter den sieben ewigen Leuchtern der archaischen Planeten steht: Sonne und Mond und die fünf großen Sterne zu seinen Füßen. Am Himmel befindet sich sein leuchtendes Haupt im Norden, der heiligen Region des Pols, und in seiner rechten Hand hält er die sieben Sterne des Bären, die wir den Wagen nennen, und er dreht sie um den Polarstern, so wie wir sie auch jetzt drehen sehen. Er verursacht die All-umfassende Umdrehung der Himmel, die kreisförmige Bewegung des Kosmos. Dies ist der Herr aller Bewegung, der den Kosmos in seinen Bahnen treibt. Aus seinem Mund ragt das zweischneidige Schwert des Wortes, die mächtige Waffe des Logos, das die Welt befallen (und am Ende zerstören) wird. Dies ist tatsächlich das Schwert, das Jesus unter die Menschen gebracht hat. Und schließlich ist er, mit seinem Gesicht, das wie die Sonne mit ganzer Macht strahlt, die Quelle des Lebens selbst, der Strahlende, vor dem wir wie tot niederfallen.

Und das ist Jesus: nicht nur der Jesus der frühen Gemeinden, sondern auch der Jesus der heutigen volkstümlichen Religion. Da gibt es nichts demütiges oder leidendes. Das ist in der Tat unser »Streben nach Überlegenheit«. Und es ist eine wahre Aufzeichnung des *anderen* Gotteskonzeptes des Menschen, vielleicht das größere und fundamentalere Konzept: der prachtvolle Beweger des Kosmos! Für Johannes von Patmos ist der Herr der *Kosmokrator*, und auch der *Kosmodynamos*: der großartige Herrscher des Kosmos und die Macht des Kosmos. Aber ach, nach der Apokalypse hat der Mensch vor dem Tode keinen Anteil an der Herrschaft des Kosmos. Wenn ein Christ als Märtyrer starb, dann wird er bei der Wiederkunft Christi auferstehen und selbst ein kleiner Kosmokrator werden, der für tausend Jahre herrscht. Das ist die Vergöttlichung des schwachen Menschen.

Aber der Gottessohn, der Jesus aus der Vision des Johannes, ist mehr als dies. Er besitzt die Schlüssel zu Tod und Hades. Er ist der Herr der Unterwelt. Er ist Hermes, der Führer der Seelen über den höllischen Strom in der Totenwelt. Er ist der Meister der Mysterien der Toten, er kennt die Bedeutung des Holokaust und er hat die endgültige Macht über die Kräfte des Totenreiches. Die Toten und die Herren des Todes, die stets im Hintergrund der Religionen unter den Menschen umgehen, diese *Chthonioi* der ursprünglichen Griechen, auch sie müssen Jesus als obersten Herrn anerkennen.[66]

Und der Meister der Toten ist der Herr über die Zukunft und der Gott der Gegenwart. Er spendet die Vision von dem was war, was ist und was sein wird.

Da habt ihr einen Jesus! Was wird das moderne Christentum damit anfangen? Es ist der Jesus der allerersten Gemeinden und es ist der Jesus der frühen Katholischen Kirche, als sie aus dem dunklen Mittelalter auftauchte und sich wieder mehr am Leben und am Tod und am Kosmos ausrichtete, dem ganzen großartigen Abenteuer der menschlichen Seele, im Unterschied zu dem mickrigen persönlichen Abenteuer des modernen Protestantismus und auch des Katholizismus, abgeschnitten vom Kosmos, abgeschnitten vom Hades, abgeschnitten von der Herrlichkeit des Sternen-Bewegers. Mickrige kleine persönliche Errettung, mickrige Moral statt kosmischer Pracht. Wir haben die Sonne verloren und die Planeten, und den Herrn mit den sieben Sternen des Bären in seiner rechten Hand. Armselige, dürftige, gruselige Welt in der wir leben, selbst die Schlüssel zu Tod und Hades sind verloren. Wie eingesperrt wir sind! Alles, was wir mit unserer brüderlichen Liebe tun können, ist, uns gegenseitig einzusperren. Wir haben solche Angst davor, daß jemand anderes herrlich und prächtig sein könnte, wenn wir es nicht sein können! Mickrige kleine Bolschewisten, ein jeder von uns heute. Wir sind fest entschlossen, daß *kein* Mensch wie die Sonne voller Kraft strahlen soll, da er uns sicherlich überstrahlen würde.

Jetzt spüren wir in uns wieder ein zwiespältiges Gefühl gegenüber der Apokalypse. Plötzlich erkennen wir etwas von der alten heidnischen Pracht, die in der Macht und Herrlichkeit des Kosmos beglückend war, und sehen den Menschen, der ein Stern in diesem Kosmos gewesen war. Plötzlich empfinden wir wieder Nostalgie für die alte heidnische Welt, lange vor der Zeit des Johannes. Wir spüren ein tiefes Verlangen, von diesen mickrigen persönlichen Verstrickungen des schwachen Lebens befreit zu sein, und sehnen uns zurück in eine weit entfernte Welt, bevor Menschen »ängstlich« wurden. Wir möchten von unserem kleinen engen automatischen »Universum« befreit werden, zurückgehen zum erhabenen lebendigen Kosmos der »unerleuchteten« Heiden!

Vielleicht besteht der größte Unterschied zwischen uns und den Heiden in unserer unterschiedlichen Beziehung zum Kosmos. Für uns ist alles mit der individuellen Persönlichkeit verbunden. Landschaft und Himmel sind für uns ein schöner Hintergrund unseres persönlichen Lebens, mehr nicht. Selbst das Universum der Wissenschaftler ist für uns wenig mehr als eine Ausdehnung unserer Persönlichkeit. Dem Heiden war sowohl die Landschaft als auch der persönliche Hintergrund gleichgültig. Aber der Kosmos war ein sehr wirkliches Ding. Der Mensch *lebte* mit dem Kosmos und wußte, daß er größer als er selbst war.

Bilden wir uns nicht ein, daß wir die Sonne so sehen, wie die alten Zivilisationen sie sahen. Alles, was wir sehen, ist ein kleiner wissenschaftlicher Himmelskörper, eingeschrumpft zu einem Ball aus loderndem Gas. In den Jahrhunderten vor Hesekiel und Johannes war die Sonne noch immer eine erhabene Realität. Die Menschen bezogen von ihr Stärke und Pracht und dankten ihr mit Huldigung und Glanz. Aber in uns ist die Verbindung abgebrochen, die dafür empfänglichen Geflechte sind tot. Unsere Sonne ist vollkommen anders als die kosmische Sonne der Alten, viel trivialer. Vielleicht sehen wir das, was wir die Sonne nennen, aber Helios[67] haben wir für immer verloren, und das erhabene Gestirn der Chaldäer erst recht. Wir haben den Kosmos verloren, weil wir die kommunizierende Verbindung mit ihm aufgegeben haben, und das ist unsere größte Tragödie. Was ist unsere armselige Liebe zur Natur – Natur!! – im Vergleich zum prächtigen antiken Leben mit dem Kosmos und der Huldigung des Kosmos!

Und einige der großartigen Bilder der Apokalypse berühren uns seltsam tief, sie lassen das Herz mit einer Ahnung von Freiheit erzittern, einer Ahnung von wirklicher Freiheit, einer Flucht nach *irgendwo*, nicht nach nirgendwo. Einer Flucht aus dem kleinen, engen Käfig unseres Universums; eng, trotz der ganzen weiten und unvorstellbaren Ausdehnung des Raumes durch die Astronomen; eng, weil es nur eine kontinuierliche Ausweitung ist, ein ödes weiter und weiter, ohne irgendeine Bedeutung. Eine Flucht daraus, hinein in den lebendigen Kosmos, zu einer Sonne voll großartigem, wilden Leben, die auf uns schaut, uns zu stärken oder zu vernichten und voller Pracht ihre Bahn zieht. Wer sagt, daß die Sonne nicht zu mir sprechen kann! Die Sonne hat ein großes loderndes Bewußtsein und ich habe ein kleines loderndes Bewußtsein. Wenn ich mich selbst des Mülls der persönlichen Gefühle und Ideen entkleiden kann und an mein nacktes Sonnen-Selbst gelange, dann können sich die Sonne und ich zeitweise vereinigen, ein lodernder Austausch, und sie gibt mir Leben, Sonnen-Leben, und ich schicke ihr etwas neue Helligkeit aus der Welt des hellen Blutes. Wie ein zorniger Drache haßt die prachtvolle Sonne das neuronale und persönliche Bewußtsein in uns. Das erfahren all die modernen Sonnenbader, denn sie werden von genau derselben Sonne zerstört, die sie bräunt. Wie ein Löwe liebt die Sonne aber das helle rote Blut des Lebens, und sie kann ihm eine unendliche Bereicherung schenken, wenn wir sie zu empfangen wissen. Aber das tun wir nicht. Wir haben die Sonne verloren. Und so fällt sie nur über uns her und zerstört uns, sie trägt Unruhe in uns hinein: der Drache der Zerstörung statt der Lebensspenderin.

Und wir haben den Mond verloren, den kühlen, hellen, sich stets verändernden Mond. Er ist es, der unsere Nerven liebkost, sie mit der seidigen Hand seines Scheins besänftigt, sie mit seiner kühlen Anwesenheit wieder zur heiteren Gelassenheit führt. Denn der Mond ist die Herrin und die Mutter unseres Wasser-Körpers, dem bleichen Körper unseres neuronalen Bewußtseins und unseres feuchten Fleisches. Oh, der Mond kann uns besänftigen, wie eine große, kühle Artemis, die uns in ihren Armen heilt. Aber wir haben sie verloren, in unserer Dummheit verkennen wir sie, und sie starrt zornig auf uns herab und peitscht uns mit nervösen Schlägen. Oh, hüte dich vor der zornigen Artemis am Nachthimmel, hüte dich vor dem Groll der Cybele, hüte dich vor der Rachsucht der gehörnten Astarte.[68]

Denn die Liebenden, die sich des Nachts erschießen, im schrecklichen Selbstmord der Liebe, sie werden von den vergifteten Pfeilen der Artemis in den Wahnsinn getrieben: der Mond ist gegen sie, ist erbittert gegen sie. Und, oh, wenn der Mond gegen dich ist, dann hüte dich vor der bitteren Nacht, besonders vor der Nacht des Rausches.

Nun mag dies wie Unsinn klingen, aber das liegt bloß daran, daß wir Narren sind. Es gibt eine ewige lebenswichtige Beziehung zwischen unserem Blut und der Sonne. Es gibt eine ewige lebenswichtige Beziehung zwischen unseren Nerven und dem Mond. Wenn wir den Kontakt und den Gleichklang mit der Sonne und dem Mond verlieren, dann verwandeln sich beide in große Drachen der Zerstörung, die gegen uns sind. Die Sonne ist ein großer Quell der Lebenskraft des Blutes, von ihr strömt

Stärke zu uns. Aber sobald wir uns der Sonne widersetzen und sagen: Sie ist bloß ein Ball aus Gas! – dann wandelt sich dieselbe strömende Lebenskraft des Sonnenlichts in eine zersetzende Kraft in uns und richtet uns zugrunde. So verhält es sich auch mit dem Mond, den Planeten, den großen Sternen. Entweder erfüllen sie uns mit Leben, oder sie zerstören uns. Da gibt es kein Entrinnen.

Wir und der Kosmos sind eins. Der Kosmos ist ein ausgedehnter, lebendiger Körper, von dem wir noch immer Teile sind. Die Sonne ist ein großes Herz, das noch in unseren kleinsten Adern pulsiert. Der Mond ist ein großes, leuchtendes Nervengeflecht, das uns auf ewig erschauern läßt. Wer weiß, welche Macht der Saturn über uns besitzt, oder die Venus? Aber es ist eine lebenswichtige Macht, die uns ohne Unterlaß äußerst fein durchrieselt. Und wenn wir uns Aldebaran[69] widersetzen, wird Aldebaran uns mit ungeheuren Dolchstößen durchbohren. Wer nicht mit mir ist, der ist gegen mich![70] – so lautet das kosmische Gesetz.

Das alles ist *buchstäblich* wahr, und die Menschen der großen Vergangenheit wußten das, und die Menschen werden das Wissen wieder erlangen.

Zur Zeit des Johannes von Patmos hatten die Menschen, vor allem die gebildeten Menschen, den Kosmos schon fast verloren. Die Sonne, der Mond, die Planeten – statt Vertraute, Verbündete, Lebensspender, die Prachtvollen, die Ehrfurchtgebietenden zu sein, waren sie schon in eine Leblosigkeit gefallen. Sie waren die willkürlichen, fast mechanischen Manipulatoren von Schicksal und Geschick. Zur Zeit Jesu hatten die Menschen den Himmel in einen Mechanismus von Schicksal und Geschick verwandelt, in ein Gefängnis. Die Christen entflohen dem Gefängnis, indem sie den Körper im ganzen verneinten. Aber ach, diese kleinen Fluchten! Besonders die Fluchten durch Verleugnen! Sie sind die fatalsten aller Ausflüchte. Das Christentum

53

und unsere vorbildliche Zivilisation waren eine einzige lange Ausflucht. Das hat zu endloser Lüge und Bedürftigkeit geführt. Bedürftigkeit, wie sie die Menschen heutzutage kennen, keine physische Bedürftigkeit, sondern eine weitaus schlimmere Bedürftigkeit an *Lebenskraft*. Besser ein Mangel an Brot als ein Mangel an Leben. Eine lange Ausflucht, deren einzige Frucht die Maschine ist!

Wir haben den Kosmos verloren. Die Sonne stärkt uns nicht mehr, noch tut es der Mond. In mystischer Sprache: der Mond ist für uns schwarz geworden, und die Sonne ein Sackleinen.

Jetzt müssen wir den Kosmos zurückerlangen, und das kann nicht durch einen Trick geschehen. Das weite Feld des Widerhalls, das in uns brachliegt, muß wiederbelebt werden. Es hat zweitausend Jahre gebraucht, es abzutöten. Wer weiß, wie lange es braucht, es wieder zum Leben zu erwecken.

Wenn ich höre, wie die Menschen der Moderne über Einsamkeit klagen, dann weiß ich, was geschehen ist. Sie haben den Kosmos verloren. Es ist nichts menschliches und persönliches, an dem es uns mangelt. Uns fehlt kosmisches Leben, die Sonne in uns, der Mond in uns. Wir können die Sonne in uns nicht erlangen, indem wir wie Schweine nackt am Strand liegen. Die gleiche Sonne, die uns bräunt, zerstört uns innerlich – wie wir später dann feststellen. Der Prozeß des Katabolismus.[71] Wir können die Sonne nur durch eine Art Verehrung erlangen, und den Mond desgleichen. Durch das *Fortschreiten* zur Verehrung der Sonne, Verehrung die im Blut gefühlt wird. Tricks und Posen verschlimmern die Lage bloß.

VI

Nun müssen wir gestehen, daß wir der Offenbarung des Heiligen Johannes auch dankbar sind, weil sie uns Hinweise auf den prächtigen Kosmos gibt und einen flüchtigen Kontakt mit ihm herstellt. Der Kontakt währt nur einen Moment, das ist wahr, dann wird er von diesem anderen Geist der hoffenden Verzweiflung gestört. Aber wir sind selbst für diesen Moment dankbar.

In der ersten Hälfte der Apokalypse blitzt überall wirkliche Verehrung des Kosmos auf. Den Kosmos traf der Bannfluch der Christen, obwohl die frühe Katholische Kirche ihn nach dem Zusammenbruch des Mittelalters wieder teilweise rehabilitiert hatte. Dann traf den Kosmos nach der Reformation erneut der Bannfluch der Protestanten. Sie ersetzten ihn durch das leblose Universum der Zwänge und der mechanischen Ordnung. Alles andere wurde zur Abstraktion, und der lange, langsame Tod der Menschheit setzte ein. Dieser langsame Tod brachte die Wissenschaft und die Maschinen hervor, beides sind nichts als tote Schöpfungen.

Dieser Tod war ohne Zweifel unausweichlich. Es ist der lange, langsame Tod der Gesellschaft; die Parallele zum schnellen Tode Jesu und den anderen sterbenden Göttern. Es bleibt aber trotzdem ein Tod, und es wird mit der Auslöschung der menschlichen Rasse enden – wie Johannes von Patmos so inbrünstig hoffte – es sei denn, es käme zu einem Wechsel, zu einer Wiederauferstehung und zu einer Rückkehr zum Kosmos.

Aber dieses Aufblitzen des Kosmos in der Offenbarung kann kaum Johannes von Patmos zugeschrieben werden. Als ein Apokalyptiker benutzte er anderer Leute Blitze, um seinen Weg von Not und Hoffnung auszuleuchten. Die große Hoffnung der Christen ist ein Maß ihrer schieren Verzweiflung.

Es begann aber schon vor den Christen. Apokalypsen sind eine merkwürdige Form von jüdischer und jüdisch-christlicher Literatur. Diese neue Form kam irgendwann um 200 v. Chr. auf, mit dem Ende der Propheten. Eine frühe Apokalypse ist das Buch Daniel, der letzte Teil zumindest. Eine andere ist die Apokalypse des Henoch, dessen älteste Teile dem zweiten Jahrhundert vor Christi zugeschrieben werden.[72]

Die Juden, das auserwählte Volk, hatten von sich stets die Vorstellung eines großen, herrschaftlichen Volkes. Sie nahmen einen Anlauf und scheiterten katastrophal. Dann gaben sie es auf. Nach der Zerstörung des Tempels durch Antiochus Epiphanes[73] versiegte die nationale Vorstellung eines großen, natürlichen Jüdischen Reiches. Die Propheten verstummten für immer. Die Juden wurden zu einem Volk mit einem *hinausgeschobenen Schicksal*. Und da begannen die Seher Apokalypsen zu schreiben.

Die Seher mußten die Sache mit dem aufgeschobenen Schicksal angehen. Es war nicht länger eine Frage von Prophezeiungen, es war eine Frage von Visionen. Gott würde seinem Diener nicht länger *sagen*, was geschehen sollte, denn das Geschehen war beinahe unsagbar. Er würde ihm eine Vision gewähren.

Jede tiefgehende neue Bewegung greift auch weit zurück, auf eine ältere, halbvergessene Art des Bewußtseins. So griffen die Apokalyptiker auf die alte kosmische Vision zurück. Nach der zweiten Zerstörung des Tempels verloren die Juden, bewußt oder unbewußt, die Hoffnung auf den *irdischen* Triumph des auserwählten Volkes. Daher bereiteten sie sich verbissen auf einen überirdischen Triumph vor. Das war es, was die Apokalyptiker in Angriff nahmen: den überirdischen Triumph der Auserwählten herbeizuvisionieren.

Für dieses Vorhaben benötigten sie eine Rundumsicht: sie mußten das Ende genausogut kennen wie den Anfang. Nie zuvor wollten Menschen das Ende der Schöpfung erfahren, es genügte, daß sie erschaffen wurde und auf immer und ewig weiterexistierte. Aber jetzt benötigten die Apokalyptiker eine Vision vom Ende.

So wandten sie sich dem Kosmos zu. Henochs Visionen des Kosmos sind sehr interessant, und nicht sehr jüdisch. Aber sie sind merkwürdig geographisch.

Wenn wir zur Apokalypse des Johannes kommen und sie kennenlernen, dann fallen uns einige Dinge auf. Erstens, das offensichtliche Schema, die Teilung des Buches in zwei Hälften, mit zwei sich eher widersprechenden Intentionen. Die der ersten Hälfte, vor der Geburt des Messias-Knaben, scheint die Absicht der Errettung und der Erneuerung zu haben. Sie läßt die Welt erneuert weiterbestehen. Aber die zweite Hälfte, wo das Tier sich erhebt, entwickelt einen merkwürdigen und mystischen Haß auf die Welt, auf weltliche Macht und auf alles und jeden, der sich dem Messias nicht absolut unterwirft. Die zweite Hälfte der Apokalypse ist flammender Haß und pure Lust − Lust ist die einzige Bezeichnung dafür − auf das Ende der Welt. Der Apokalyptiker *will* das Universum oder den bekannten Kosmos völlig ausgelöscht sehen, und nur eine himmlische Stadt und eine höllischer Schwefelsee bleiben übrig.

Die Diskrepanz dieser beiden Absichten ist das erste, was uns auffällt. Der erste Teil, viel verdichteter und verkürzter, ist viel schwieriger und komplizierter als der zweite, und die darin liegende Stimmung ist wesentlich dramatischer, und doch universeller und bedeutsamer. Im ersten Teil spüren wir, wir wissen nicht warum, die Weite und den Prunk der heidnischen Welt. Die zweite Hälfte enthält die individuelle Raserei der frühen Christen, die eher der Raserei der heutigen Dissenter und Evangelikalen ähnelt.

Dann wieder spüren wir, daß wir im ersten Teil mit großen alten Symbolen in Berührung kommen, die uns weit in der Zeit zurückführen, in heidnische Gefilde. In der zweiten Hälfte ist die Bildersprache jüdisch allegorisch. Sie ist eher modern und findet recht einfache örtliche und zeitliche Erklärungen. Wenn es einen

Anflug von wahrem Symbolismus gibt, hat er nicht den Charakter einer Ruine oder eines Überbleibsels, das in die jetzige Struktur eingefügt wurde, sondern er ist eher eine archaische Reminiszens.

Das dritte, was uns auffällt, ist der ständige Gebrauch der hohen, sowohl heidnischen als auch jüdischen, Titel der Macht, sowohl für Gott als auch für den Menschensohn. *König aller Könige und Herr aller Herren*[74] ist durchweg typisch, ebenso Kosmokrator und Kosmodynamos. Stets die Titel der Macht, nie die Titel der Liebe. Immer Christus der allmächtige Eroberer, der sein großes Schwert zückt und zerstört, der riesige Massen von Menschenleben zerstört, bis das Blut ans Zaumzeug der Pferde reicht. Niemals Christus der Erlöser. Niemals. Der Menschensohn der Apokalypse kommt, um eine neue und schreckliche *Macht* auf die Erde zu bringen, eine Macht, größer als die eines jeden Pompeius oder Alexanders oder Kyros.[75] Macht – furchtbare, zerstörerische Macht. Und wenn Segen ausgesprochen wird oder die Hymne auf den Menschensohn erklingt, dann nur, um ihm Macht zuzuschreiben, und Reichtum, und Weisheit, und Stärke, und Ehre, und Ruhm, und Pracht – alles Attribute der großen Könige und Pharaonen dieser Erde, aber kaum passend für den gekreuzigten Jesus.

So stehen wir verwirrt davor. Wenn Johannes von Patmos die Apokalypse im Jahre 96 A. D. fertiggestellt hat, dann wußte er merkwürdig wenig von der Jesus-Legende, und er hatte überhaupt nichts von dem Geist der Evangelien, die alle seinem Buch vorausgingen. Ein seltsamer Mensch, dieser alte Johannes von Patmos, wer immer er auch war. Aber trotzdem bündelte er die Gefühle einer bestimmten Art von Menschen für die kommenden Jahrhunderte.

Was wir bei der Apokalypse erahnen, ist, daß sie nicht ein Buch ist, sondern mehrere, vielleicht viele. Aber sie besteht nicht aus Teilen verschiedener Bücher, die verbunden wurden, so wie das Buch Henochs. Es ist ein Buch mit verschiedenen Schichten: so wie die Schichten von Zivilisationen, wenn man tiefer und tiefer schürft, um eine alte Stadt auszugraben. Unten am Boden befindet sich ein heidnisches Substrat. Vielleicht eines der alten Bücher der Ägäischen Kultur[76], eine Art Buch von einem heidnischen Mysterium. Dieses wurde von jüdischen Apokalyptikern überschrieben, dann erweitert und schließlich vom jüdisch-christlichen Apokalyptiker Johannes überschrieben. Dann, nach diesem Tag, wurde es von christlichen Lektoren bereinigt, korrigiert und zusammengestrichen. Sie wollten daraus ein christliches Werk machen.

Aber Johannes von Patmos muß ein eigenartiger Jude gewesen sein: ungestüm, erfüllt von den hebräischen Büchern des Alten Testaments, aber auch vertraut mit aller Art von heidnischem Wissen, mit allem, was seiner Leidenschaft dienlich war, seiner unerträglichen Leidenschaft für die Wiederkunft Christi, der vollständigen Zerschlagung der Römer durch das große Schwert Christi, dem Zerstampfen der Menschheit in den Keltern des göttlichen Zorns, bis das Blut ans Zaumzeug der Pferde reicht,[77] dem Triumph des Reiters auf dem weißen Pferd, größer als jeder persische König, danach die tausendjährige Herrschaft der Märtyrer, und dann die Zerstörung des ganzen Universums und das Jüngste Gericht. »Komm, Herr Jesu, Komm!«[78]

Und Johannes glaubte fest, daß Er käme, und zwar *unverzüglich*. Darin lag der Schauder der schrecklichen und furchterregenden Hoffnung der frühen Christen. Natürlich machte sie das, in den Augen der Heiden, zu den Feinden der gesamten Menschheit.

Aber Er ist nicht gekommen, also interessiert uns das nicht sonderlich. Was uns interessiert, ist der merkwürdige heidnische Rückgriff des Buches und die heidnischen Spuren. Uns wird dabei bewußt, daß der Jude, *wenn* er in die Welt hinausschaut, mit heidnischen oder christlichen Augen schauen muß. Die Juden der Nach-

David-Ära[79] haben keine eigenen Augen, mit denen sie sehen könnten. Sie spähten nach innen, zu ihrem Jehova, bis sie blind waren. Danach schauten sie mit den Augen ihrer Nachbarn auf die Welt. Wenn die Propheten Visionen schauten, schauten sie assyrische oder chaldäische Visionen. Sie borgten sich andere Götter, um ihren eigenen unsichtbaren Gott zu erblicken.

Hesekiels große Vision[80], die zu weiten Teilen in der Apokalypse wiederholt wird: was ist sie, wenn nicht heidnisch? Möglicherweise wurde sie von eifersüchtigen jüdischen Schreibern enstellt. Sie ist ein großartiges Konzept des Genius der Zeit und des Kosmokrators und des Kosmodynamos! Fügt man dem hinzu, daß der Kosmokrator inmitten der Himmelsräder steht, die als Räder des Anaximander[81] bekannt sind, dann erkennen wir, wo wir uns befinden. Wir befinden uns in der großartigen Welt des heidnischen Kosmos.

Aber der Text von Hesekiel ist hoffnungslos verfälscht – ohne Zweifel absichtlich von fanatischen Schriftgelehrten verfälscht, die die heidnische Version überschmieren wollten. Das ist eine alte Geschichte.

Es ist nichtsdestoweniger erstaunlich, Anaximanders Räder bei Hesekiel wiederzufinden.[82] Diese Räder sind ein alter Versuch, die geordnete und doch komplexe Bewegung der Himmel zu erklären. Sie basieren auf der ersten »wissenschaftlichen« Dualität, welche die Heiden im Universum fanden, nämlich das Feuchte und das Trockene, das Kalte und das Heiße, Luft (oder Wolken) und Feuer. Faszinierend und seltsam sind die großen rotierenden Himmelsräder. Sie bestehen aus verdichteten Lüften oder Nachtwolken und sind mit dem lodernden kosmischen Feuer gefüllt. Dasselbige lugt oder lodert aus bestimmten Löchern in der Felge der Räder und bildet so die glühende Sonne oder die funkelnden Sterne. All die Gestirne sind kleine Löcher in dem schwarzen Rad, das voller Feuer ist, und es steckt Rad in Rad, die unterschiedlich rotieren.

Es wird vermutet, daß Anaximander, einer der frühesten der alten griechischen Denker, diese Theorie der »Himmelsräder« im sechsten Jahrhundert vor Christi in Ionien erdacht hat. Hesekiel hat sie jedoch in Babylon kennengelernt, und wer weiß, ob nicht die ganze Idee chaldäisch ist. Auf jeden Fall stehen Jahrhunderte von chaldäischem Wissen über die Himmel dahinter.

Es ist ein großer Trost, Anaximanders Räder bei Hesekiel zu finden. Die Bibel wird plötzlich zu einem Buch der Menschheit, statt einer verkorkten Flasche der »Inspiration«. Und so ist es auch ein Trost, die vier Geschöpfe der vier Himmelsrichtungen wiederzufinden, geflügelt und strahlend.[83] Sofort befinden wir uns draußen in den großen chaldäischen Sternen-Räumen, statt in einem jüdischen Tabernakel eingezwängt zu sein. Daß die Juden es schafften, durch eine schändliche Vermenschlichung die vier großen Geschöpfe in Erzengel zu verwandeln, noch dazu mit Namen wie Michael und Gabriel[84], zeigt nur die Begrenztheit der jüdischen Imagination, die nichts erkennt, was nicht in Formen des menschlichen Egos gekleidet ist. Es ist nichtsdestoweniger ein Trost zu wissen, daß diese Polizisten Gottes, die großen Erzengel, einst die geflügelten und strahlenden Geschöpfe der vier Himmelsrichtungen waren, die in der chaldäischen Tradition ihre Flügel durch den Raum schwangen.

Bei Johannes von Patmos fehlen die »Räder«. Sie waren schon lange zuvor durch die himmlischen Sphären ersetzt worden. Aber der Allmächtige ist ein noch deutlicheres kosmisches Wunder, bernsteinfarben wie Himmelsfeuer, der große Schöpfer und der große Herrscher der sternenfunkelnden Himmel, Demiurg[85] und Kosmokrator, der, der die Räder des Kosmos dreht. Er ist eine große, *wirkliche* Gestalt, der große dynamische Gott, weder spirituell noch moralisch, sondern kosmisch und lebendig.

Natürlich, oder besser unnatürlicherweise, leugnen die orthodoxen Exegeten dies. Archidiakon[86] Charles gibt zu, daß die sieben Sterne in der rechten Hand des »Menschensohnes« die

Sterne des Bären sind, die um den Himmelspol kreisen, und daß das Babylonisch ist; dann fährt er fort »aber unser Autor kann so etwas nicht im Sinn gehabt haben«.

Selbstverständlich wissen die hervorragenden Kleriker der heutigen Zeit ganz genau, was »unser Autor« im Sinn hatte. Johannes von Patmos ist ein christlicher Heiliger, so konnte er gar kein Heidentum im Sinn gehabt haben. Das ist es, worauf die orthodoxe Auslegung hinausläuft. Wir dagegen sind tatsächlich erstaunt über das fast brachiale Heidentum »unseres Autors« Johannes von Patmos. Was er auch immer sonst hatte, er hatte keinerlei Angst vor heidnischen Symbolen, ja, offensichtlich nicht einmal vor dem gesamten heidnischen Kult. Die alten Religionen waren Kulte der Vitalität, Kraft und Macht, das dürfen wir nie vergessen. Allein die Hebräer waren moralisch, und das auch nur teilweise. Für die alten Heiden bedeutete Moral lediglich soziales Verhalten und angemessene Umgangsformen. Aber zur Zeit Christi schienen sich alle Religionen und alles Denken von der alten Verehrung und dem Studium der Vitalität, Kraft und Macht ab- und dem Studium des Todes, der Belohnungen und Strafen im Tod und der Moral zugewandt zu haben. Statt daß sie Religionen des *Lebens* hier und jetzt waren, wurden sie alle zu Religionen eines hinausgeschobenen Schicksals, des Todes und der Belohnung im *nachhinein*, »wenn man gut gewesen war«.

Johannes von Patmos akzeptierte den Aufschub des Schicksals schon fast mit Besessenheit, aber er scherte sich nicht um das »Gutsein«. Was er wollte, war *absolute* Macht. Er war ein schamlos die Macht anbetender heidnischer Jude, der wegen seines aufgeschobenen großen Schicksals mit den Zähnen knirschte.

Mir scheint, daß er eine ganze Menge über den heidnischen Wert von Symbolen wußte, selbst im Vergleich zu dem christlichen oder jüdischen Wert. Und er benutzte die heidnischen Werte, wenn sie ihm passten, denn er war keine ängstliche Seele. Sich vorzustellen, die Gestalt des Kosmodynamos, der die Himmel bewegt, die große Gestalt des kosmischen Feuers mit den sieben Sternen des Bären in seiner rechten Hand, könnten Johannes von Patmos unbekannt sein, das wagt nicht einmal ein Archidiakon zu behaupten. Die Welt des ersten Jahrhunderts war voller Sternenkulte. Die Gestalt des Bewegers der Himmel muß jedem Jungen im Orient vertraut gewesen sein. Die orthodoxen Exegeten behaupten, daß »unser Autor« kein sternenprangendes Heidentum im Sinn gehabt habe, während sie sich im gleichen Atemzug darüber auslassen, wie dankbar die Menschen gewesen sein mußten, daß sie, durch das Christentum, der sinnlosen, mechanischen Herrschaft der Himmel entkommen waren, der unabänderlichen Herrschaft der Planeten, dem festgelegten astronomischen und astrologischen Schicksal. »Gütiger Himmel!«, so rufen wir noch immer aus: und wenn wir innehalten und es bedenken, dann erkennen wir, wie machtvoll die Vorstellung der sich bewegenden, schicksalsbestimmenden Himmel war – halb kosmisch, halb mechanisch, aber immer noch nicht anthropomorph.

Ich bin mir sicher, daß nicht nur Johannes von Patmos, sondern auch Paulus, Petrus und der Apostel Johannes eine Menge über die Sterne wußten, und auch über die heidnischen Kulte. Sie entschlossen sich, vielleicht klugerweise, das alles zu unterdrücken. Johannes von Patmos tat es nicht. So haben seine christlichen Exegeten und Redigierer versucht, es für ihn zu unterdrücken, vom zweiten Jahrhundert an bis hin zum Archidiakon Charles. Ohne Erfolg, denn diejenigen Geister, die die göttliche *Macht* verehren, neigen immer dazu, in Symbolen zu denken. Direktes Denken in Symbolen, wie bei einem Schachspiel mit seinen Königen und Damen und Bauern, ist charakteristisch für Menschen, die Macht als großes Desideratum betrachten – und das ist die Mehrheit. Die unterste Schicht der Menschen betet noch immer die Macht an, denkt immer noch grobschlächtig in Symbolen und hält immer noch an der Apokalypse fest. Ihnen ist die Bergpredigt völlig

gleichgültig. Aber offensichtlich betet auch die oberste Führungs-
schicht der Kirche und des Staates noch immer die Macht an: ganz
selbstverständlich und wahrhaftig.

Aber die orthodoxen Exegeten wie Archidiakon Charles wollen
ihr Stück vom Kuchen und es auch essen. Sie *wollen* den alten heidnischen Sinn für Macht in der Apokalypse, doch verbringen sie die
Hälfte ihrer Zeit damit, ihn zu verleugnen. Wo sie ein heidnisches
Element anerkennen *müssen*, dort raffen sie ihre Soutane und eilen
schnell vorbei. Und gleichzeitig ist die Apokalypse ein wahrhaft
heidnisches Fest für sie. Sie müssen es nur mit frommer Miene
schlucken.

Natürlich gründet sich die Unehrlichkeit, wir können es nicht
anders nennen, der christlichen Exegeten auf Angst. Fängt man
einmal damit an, zuzugeben, daß *irgendetwas* in der Bibel heidnisch sei, von heidnischem Ursprung und Bedeutung, dann ist
man verloren und weiß nicht mehr, wo man aufhören soll. Dann
ist der Gott aus der Flasche entwichen, ein für alle Mal, um es
mal so respektlos auszudrücken. Die Bibel ist so wunderbar reich
an Heidentum, und das ist das interessanteste an ihr. Gibt man
das einmal zu, dann muß das Christentum aus seiner Deckung
herauskommen.

Dann schauen wir ein weiteres Mal auf die Apokalypse und
versuchen, sie vertikal zu verstehen, genauso wie wir sie auch
horizontal verstehen. Je mehr wir lesen, desto mehr spüren wir,
daß die Apokalypse nicht nur ein messianisches Mysterium dar-
stellt, sondern ebenso einen Querschnitt durch die Zeiten. Sie ist
nicht das Werk eines einzelnen Mannes, nicht einmal das eines
einzigen Jahrhunderts. Da sind wir uns ganz sicher.

Der älteste Teil war gewiß ein heidnisches Werk, wahrscheinlich
die Beschreibung eines »geheimen« Initiationsritus zu einem der
heidnischen Mysterien der Artemis, Cybele oder gar des Orpheus.[87]
Auf jeden Fall gehört es zum östlichen mediterranen Raum, wahrscheinlich direkt zu Ephesus, das scheint am naheliegendsten. Falls

ein solches Buch existierte, sagen wir zwei oder vielleicht drei Jahrhunderte vor Christus, dann war es allen Jüngern der Religion bekannt. Und vielleicht kann man mit einiger Sicherheit sogar sagen, daß in jenen Tagen, vor allem im Osten, jeder verständige Mensch Jünger einer Religion war. Die Menschen waren Religions-besessen, nicht Religions-gläubig. Die Juden geradeso wie die Nichtjuden. Die verstreuten Juden[88] lasen und diskutierten sicher alles, was sie zu fassen bekamen. Wir müssen uns endgültig von dieser Sonntagsschulidee von einem abgeschotteten Judentum verabschieden, das sich nur mit seinem eigenen Gott beschäftigt. Es war ganz anders. Die Juden der beiden letzten Jahrhunderte vor Christi waren ebenso wißbegierig, belesen und kosmopolitisch wie die Juden heutzutage. Abgesehen natürlich von einigen wenigen fanatischen Strömungen und Sekten.

So wird das alte heidnische Buch schon früh von einem jüdischen Apokalyptiker genommen und überschrieben worden sein, mit der Absicht, die rein individuelle Erfahrung der heidnischen Initiation durch die jüdische Idee eines Messias und der jüdischen Erlösung (oder Zerstörung) *der ganzen Welt* zu ersetzen. Diese jüdische Apokalypse, wohl mehr als einmal überschrieben, war zur Zeit Jesu mit Sicherheit allen religiösen Suchern bekannt, einschließlich den Verfassern der Evangelien. Und wahrscheinlich hat ein jüdisch-christlicher Apokalyptiker das Werk ein weiteres Mal überschrieben, noch bevor Johannes von Patmos es in Angriff nahm. Wahrscheinlich hat er es bereits zu der prophetischen Form Daniels ausgebaut und den völligen Untergang Roms vorhergesagt. Denn die Juden liebten nichts auf der Welt so sehr wie das Prophezeien des völligen Untergangs der heidnischen Königtümer. Dann hat Johannes von Patmos seine Verbannungszeit auf der Insel damit verbracht, das ganze Buch ein weiteres Mal zu überschreiben, in seinem ihm eigenen Stil. Man spürt, daß er zwar nur wenig erfunden und wenig Ideen gehabt hat, jedoch einen wütenden und verzehrenden Haß gegen die Römer hegte, die ihn verbannten. Daher zeigt er auch keinen Haß auf die nichtjüdische griechische Kultur im Osten. Tatsächlich akzeptiert er sie beinahe genauso selbstverständlich wie seine eigene hebräische Kultur, und weitaus selbstverständlicher als den neuen christlichen Geist, der ihm fremd blieb. Er schreibt den älteren Teil Apokalypse um, wahrscheinlich kürzte er die heidnischen Passagen dabei noch weiter, einfach weil sie keine messianischen, anti-römischen Inhalte hatten. In der zweiten Hälfte des Buches läßt er sich dann gehen. Dort schlägt er auf das Tier namens Rom (oder Babylon) ein, auf das Tier namens Nero, oder Nero redivivus[89], und auf das Tier namens Antichrist, oder auf die römische Priesterschaft des Reichskultes. Was er mit den letzten Kapiteln über das Neue Jerusalem machte, wissen wir nicht, aber diese befinden sich in der jetzigen Fassung in einem konfusen Zustand.

Wir spüren, daß Johannes ein ungestümer, aber kein sehr tiefgründiger Mensch war. Falls er die Briefe zu den sieben Kirchen erfunden hat, nun, die sind eher ein langweiliger und schwacher Beitrag. Und doch ist es seine merkwürdige glühende Intensität, die der Offenbarung ihre gespenstische Kraft verleiht. Und wir müssen ihn einfach dafür mögen, daß er die großartigen Symbole weitgehend intakt belassen hat.

Aber nachdem Johannes fertig war, fingen die wahren Christen an. Und denen nehmen wir es wirklich übel. Die christliche Furcht vor dem heidnischen Anschein hat das gesamte Bewußtsein der Menschen beschädigt. Die starre Haltung der Christenheit gegenüber religiösen heidnischen Visionen war eine Haltung dümmlichen Verleugnens, einem Verleugnen, daß es bei den Heiden überhaupt etwas gab, außer Bestialität. Und alle heidnischen Spuren in den biblischen Büchern mußten ausgelöscht oder zur Bedeutungslosigkeit verdreht werden, oder ihnen wurde ein christlicher oder jüdischer Anstrich verpaßt.

Das ist mit der Apokalypse passiert, nachdem Johannes sie bearbeitet hatte. Wieviele Stückchen die kleinen christlichen Schreiberlinge herausgeschnitten haben, wieviele Stückchen sie hineingepackt haben, wie oft sie den Stil »unseres Autoren« verfälscht haben, all das werden wir nie erfahren. Aber es gibt mit Sicherheit viele Hinweise auf diese hinterhältige Arbeit. Und alles nur, um die heidnischen Spuren zu verwischen und um dieses eindeutig unchristliche Werk zu einem passablen christlichen zu machen.

Wir können nicht umhin, diese christliche *Furcht* zu hassen. Ihre Methode war von Anfang an, alles zu leugnen, was nicht paßte, oder noch besser, es zu unterdrücken. Das System der Unterdrückung aller heidnischen Spuren folgte einem Instinkt, dem Instinkt der Angst. Dieses System funktionierte gründlich und es war wirklich kriminell, vom ersten Jahrhundert an bis heute. Wenn man an die unermeßlichen Schätze von unersetzbaren heidnischen Schriftstücken denkt, die Christen vorsätzlich zerstört haben! Von den Zeiten Neros bis hin zu den finsteren Gemeindepriestern heutzutage, die immer noch jedes Buch in ihrer Gemeinde verbrennen, das als unverständlich gilt, und deshalb häretisch sein könnte. Der Geist ist gelähmt! Und wir gedenken mit Ironie des Lärms, der um die Kathedrale von Reims[90] gemacht wurde. Wie viele der Bücher würden wir liebend gerne unseren Händen zum Halten geben und wir können es nicht, weil die Christen sie mit Absicht verbrannt haben! Sie verschonten Platon und Aristoteles, weil sie Artverwandte waren. Aber all die anderen –!

Die instinktive Politik der Christenheit gegenüber allen wirklich heidnischen Zeugnissen hieß und heißt noch immer: unterdrücke sie, zerstöre sie, verleugne sie. Diese Unredlichkeit hat das christliche Denken von Anfang an vergiftet. Sie hat sogar, und das ist noch merkwürdiger, das wissenschaftliche ethnologische Denken vergiftet. Seltsamerweise betrachten wir die Griechen und Römer ab ungefähr 600 v. Chr. nicht als *wirkliche* Heiden. Nicht so wie zum Beispiel die Hindus, Perser, Babylonier und Ägypter oder auch die Kreter. Wir akzeptieren die Griechen und Römer als die Begründer unserer intellektuellen und politischen Zivilisation, und die Juden als die Väter unser moralisch-religiösen Kultur. Also sind diese »unseresgleichen«. Der ganze Rest zählt nicht, das sind beinahe Idioten. Alles, was man den »Barbaren« jenseits der griechischen Grenzen, das heißt den Minoern, Etruskern[91], Ägyptern, Chaldäern, Persern und Hindus, zuschreiben kann, ist, um es mit dem berühmten Ausspruch eines berühmten deutschen Professors zu sagen: *Urdummheit*[92]. Urdummheit ist der Zustand der gesamten Menschheit vor dem edlen Homer, und der Zustand von allen Rassen, allen außer den Griechen, Juden, Römern und – uns!

Seltsam ist, daß selbst wirkliche Gelehrte, die wissenschaftliche und unvoreingenommene Bücher über die frühen Griechen schreiben, sobald sie die autochthonen Völker des mediterranen Raumes oder die Ägypter oder die Chaldäer erwähnen, auf deren kindlichem Wesen bestehen, auf deren absolut trivialen Errungenschaften, auf deren unvermeidlicher Urdummheit. Diese großen zivilisierten Völker wußten nichts. Das *wahre* Wissen begann mit Thales, Anaximander und Pythagoras[93]– mit den Griechen. Die Chaldäer kannten keine wahre Astronomie, die Ägypter kannten weder Mathematik noch Wissenschaft, und den armen Hindus, denen man jahrhundertelang zuschrieb, dieses höchst wichtige Faktum, die arithmetische Null, erfunden zu haben, wird jetzt nicht einmal mehr dieser Verdienst zugestanden. Die Araber, die beinahe »wir« sind, haben sie erfunden.

Das ist höchst merkwürdig. Die *christliche* Angst vor dem heidnischen Wissen können wir verstehen. Aber warum die wissenschaftliche Angst? Warum sollte die Wissenschaft ihre Angst mit Phrasen wie der der Urdummheit betrügen? Wir betrachten das wundervolle kulturelle Erbe von Ägypten, Babylon, Assyrien, Persien und dem alten Indien, und wir wiederholen für uns: *Urdummheit!* Urdummheit? Wir betrachten die etruskischen Gräber und fragen uns wieder: *Urdummheit?* Nun, bei den ältesten Völkern, in den Friesen der Ägypter und Assyrer, den Malereien der Etrusker und dem Schnitzwerk der Inder erkennen wir eine Pracht, eine Schönheit und sehr oft einen fröhlichen und empfindsamen Verstand, der in unserer Welt der *Neufrechheit*[94] zweifellos verloren gegangen ist. Wenn es eine Frage von Urdummheit oder Neufrechheit ist, dann wähle ich die Urdummheit.

Der Archidiakon Charles ist ein wirklicher Gelehrter und eine Autorität, was die Apokalypse betrifft, ein Meister seines Fachs. Er versucht, in der Sache des heidnischen Ursprungs fair zu sein – ohne Erfolg. Seine Voreingenommenheit und seine ungeheueren Vorurteile sind stärker als er. Und an einer Stelle verrät er sich, so daß wir diesen Denkprozeß nachvollziehen können. Er schreibt zur Zeit des Krieges – am Ende des letzten Krieges[95] – so müssen wir ihm den Eifer zugestehen. Aber nichtsdestotrotz erlaubt er sich einen bösen Ausrutscher. Auf Seite 86 des zweiten Bandes seines Kommentars zur Offenbarung schreibt er über den Antichristen der Apokalypse, daß er »ein herrliches Portrait des großen, mächtigen Gegenspieler Gottes sei, der sich in der Zukunft erheben wird, der Macht über Recht erheben wird, und der, mit oder ohne Erfolg bei diesem Mal, versuchen wird, die Herrschaft über die Welt zu erlangen, unterstützt von Heerscharen von Geistesarbeitern, die seine Ansprüche bestätigen, alle seine Taten rechtfertigen und seine politischen Ziele mit einer ökonomischer Kriegsführung flankieren werden, die alle mit Vernichtung bedroht, die sich nicht seinen anmaßenden und gottlosen Forderungen beugen. Und obwohl die Richtigkeit dieser Vorhersage jedem Gelehrten klar ist, der die Sache mit Einsicht angeht, und auch allen Gelehrten, die sich der Sache unter dem Eindruck des gegenwärtigen Weltkrieges nähern, finden wir, daß Bousset noch 1908 in seinem Artikel über den »Antichristen« in Hastings' *Encyclopedia of Religion and Ethics* schreibt: ›Interesse an der Legende vom Antichristen ist heutzutage nur bei den unteren Schichten der Christengemeinde zu finden, bei Sekten, exzentrischen Individuen und Fanatikern.‹

Keine große Prophezeiung erlangt ihre volle und letzte Erfüllung in irgendeinem einzelnen Ereignis oder einzelnen Folgen von Ereignissen. Tatsächlich mag sie sich überhaupt nicht erfüllen in bezug auf die Sache, auf die sie ursprünglich vom Propheten oder Seher gemünzt wurde. Aber, wenn sie der Ausdruck einer großen moralischen und spirituellen Wahrheit ist, dann wird sie sich mit Sicherheit zu verschiedenen Zeiten und in verschiedener Weise und in verschiedenen Graden an Vollständigkeit erfüllen. Die gegenwärtige Einstellung der europäischen Zentralmächte in dieser Frage von Macht gegen Recht, von Cäsarentum gegen Religion, von Staat gegen Gott, ist die größte Erfüllung, die die Prophezeiung von Johannes in Kapitel XIII bisher erfahren hat. Selbst die absolute Unbestimmtheit in bezug auf den obersten Antichristen in Kapitel XIII wird im gegenwärtigen Aufstand der bösen Mächte reproduziert. In Kapitel XIII ist der Antichrist als einzelnes Individuum konzipiert, als dämonischer Nero. Aber hinter ihm steht gleichermaßen auch das Römische Reich, das mit ihm in Charakter und Wollen eins ist, und es ist gleichzeitig das Vierte Königreich oder das Königreich des Antichristen – in Wirklichkeit der Antichrist selbst. So ist es in Hinsicht auf den gegenwärtigen Krieg schwierig zu bestimmen, ob der Kaiser[96] oder sein Volk den berechtigteren Anspruch auf den Titel des modernen Antichristen hat. Wenn er die Verkörperung des Antichristen in der heutigen Zeit ist, dann steht genauso sicher das Reich hinter ihm, denn es ist in Geist und Wollen mit seinem Führer eins – ob man es vom militärischen, geistigen oder industriellen Standpunkt aus betrachtet. Es überbietet bei weitem das alte Römische Reich, ›das die Erde verdirbt‹.«[97]

Da haben wir also den Antichristen, wie er zum Archidiakon Charles Deutsch spricht, der zur selben Zeit für seine Arbeit

über die Apokalypse Bücher von deutschen Gelehrten ver-
wendet. Es scheint, als ob Christentum und ethnologische Wissenschaft beide nicht ohne ein Gegenüber als Ausgleich existieren können, einen Antichristen oder eine Urdummheit. Der
Antichrist und die Urdummheit sind einfach die Gegenüber, die
anders sind als ich. Heute spricht der Antichrist Russisch, vor
hundert Jahren sprach er Französisch, morgen spricht er vielleicht Cockney oder den Zungenschlag von Glasgow. Und die
Urdummheit spricht jede Sprache, die nicht aus Oxford oder
Harvard stammt oder eine unterwürfige Imitation davon ist.

VII

E s ist kindisch. Wir müssen eingestehen, daß der Beginn der neuen Ära (unserer eigenen) zusammenfällt mit dem Sterben der alten Ära der eigentlichen Heiden, oder, wie die Griechen sagen, der Barbaren. Als unsere gegenwärtige Zivilisation die ersten Funken von Leben zeigte, so um 1000 v. Chr., war die große alte Zivilisation der Alten Welt im Schwinden begriffen: die großen Flußkulturen von Euphrat, Nil und Indus[98], und die kleinere Seekultur der Ägäis. Es ist kindisch, das Alter und die Größe der drei Flußkulturen zu leugnen, mit ihren Vermittlerkulturen in Persien oder Iran, in der Ägäis, auf Kreta oder in Mykene[99]. Wir wollen nicht behaupten, daß eine dieser drei Kulturen das Rechnen mit langen Divisionsreihen beherrschte. Wahrscheinlich haben sie nicht einmal die Schubkarre erfunden. Ein modernes Kind von zehn Jahren könnte sie auf dem Felde der Arithmetik, der Geometrie oder vielleicht gar der Astronomie mit Leichtigkeit schlagen. Und was heißt das?

Was heißt das? Weil ihnen unsere modernen geistigen und mechanischen Errungenschaften fehlten, waren sie darum weniger »zivilisiert« oder »kultuviert« als wir, die Ägypter und die Chaldäer, die Kreter und die Perser und die Hindus vom Industal? Laßt uns die große sitzende Statue von Ramses betrachten, oder die etruskischen Grabstätten, laßt uns von Assurbanipal oder Dareios[100] lesen, und dann antworten. Wie nehmen sich unsere modernen Fabrikarbeiter neben den feingearbeiteten ägyptischen Friesen des gewöhnlichen ägyptischen Volkes aus? Oder unsere Khaki-Soldaten neben den assyrischen Friesen? Oder unsere Löwen vom Trafalgar Square neben denen von Mykene? Kultur? Sie offenbart sich eher in dem Feingefühl des Lebens als in Erfindungen. Besitzen wir darin irgendetwas vergleichbares, was den Ägyptern um zwei oder dreitausend Jahre vor Christi als Volk zu eigen war? Vitales Bewußtsein ist der Prüfstein für Zivilisation und Kultur. Haben wir ein stärkeres vitales Bewußtsein als ein Ägypter um 3000 v. Chr.? Haben wir das? Wahrscheinlich haben wir ein schwächeres. Die Breite unseres Bewußtseins ist weit, aber seicht und oberflächlich wie ein Blatt Papier. Unser Bewußtsein besitzt keine Tiefe.

Ein aufstrebendes Ding ist ein vergehendes Ding, sagt Buddha. Eine aufstrebende Zivilisation ist eine vergehende Zivilisation. Griechenland erhob sich auf den schwindenden Ägäern, und die Ägäer waren das Verbindungsglied zwischen Ägypten und Babylon. Griechenland stieg durch das Schwinden der ägäischen Kultur empor. Dasselbe gilt auch für die Römer, denn die etruskische Kultur war die letzte starke Welle aus der Ägäis, und Rom erhob sich tatsächlich auf den Etruskern. Persien stieg aus den großen Kulturen des Euphrats und des Indus empor, und ohne Zweifel durch das Verschwinden von diesen.

Vielleicht muß jede aufstrebende Zivilisation die schwindende Zivilisation erbittert bekämpfen. Es ist ein Kampf im Selbst. Die Griechen bekämpften erbittert die Barbaren. Aber wir wissen heute, daß die Barbaren des östlichen Mittelmeeres genauso Griechen waren wie die meisten Griechen selbst. Sie waren lediglich Griechen oder autochthone Hellenen, die die alte Art der Kultur beibehielten, statt die neue anzunehmen. Die Ägäer müssen, in einem primitiven Sinne, immer Hellenen gewesen sein. Aber die alte ägäische Kultur ist anders als das, was wir griechisch nennen, vor allem die religiösen Grundlagen. Jede alte Kultur, da können wir uns sicher sein, hat eine eindeutig religiöse Basis. Das Volk war, in einem sehr altem Sinne, eine Kirche, oder eine große kultische Einheit. Vom Kult zur Kultur ist es nur ein Schritt, aber dazu bedarf es vielerlei. Die Überlieferung des Kultes[101] war die Weisheit der alten Völker. Jetzt haben wir die Kultur.

Es ist schon recht schwierig für eine Kultur, eine andere zu verstehen. Aber einen Kult zu verstehen ist für eine Kultur äußerst schwierig, und für eher stupide Leute ist es unmöglich. Denn Kultur ist hauptsächlich eine Tätigkeit des Verstandes, und Kult ist eine Tätigkeit der Sinne. Die alte vorgriechische Welt hatte nicht die leiseste Ahnung, wie weit man die Tätigkeit des Verstandes ausdehnen konnte. Selbst Pythagoras, wer immer das war, hatte keine Ahnung. Auch Heraklit und selbst Empedokles und Anaxagoras[102] nicht. Sokrates und Aristoteles waren die ersten, die die Morgendämmerung *wahrnahmen*.

Aber auf der anderen Seite haben wir nicht die geringste Vorstellung davon, welch breites Spektrum von dem alten Sinnes-Bewußtsein abgedeckt wurde. Wir haben das großartige und kompliziert entwickelte sinnliche Bewußtsein, oder Sinnes-Bewußtsein, oder Sinnes-Wissen, des Altertums fast vollständig verloren. Es besaß eine große Wissenstiefe, zu der man direkt gelangte, durch Instinkt oder Intuition, wie wir es nennen, nicht durch Vernunft. Es war Wissen, das nicht auf Worten, sondern auf Bildern gründete. Die Abstraktion mündete nicht in Generalisierungen oder Qualitäten, sondern in Symbole. Und die Verknüpfungen waren keine logischen, sondern emotionale. Das Wort »darum« existierte nicht. Bilder oder Symbole folgten einander in einer Prozession von instinktiven und willkürlichen physischen Verbindungen – einige der Psalmen geben uns eine Vorstellung davon – und sie führen nirgendwo hin, denn es gab nichts, wo sie hinführen sollten. Dahinter stand das Verlangen, die Vollendung eines bestimmten Bewußtseinszustands zu erlangen, einen bestimmten Zustand fühlender Bewußtheit zu erreichen. Vielleicht sind Schach und Kartenspiele das einzige, was uns heutzutage von den alten »Gedankengängen« geblieben ist. Die Figuren der Schach- und Kartenspiele sind Symbole. Ihr »Wert« ist jeweils festgelegt. Ihre »Züge« sind unlogisch, willkürlich und basieren auf dem Machtinstinkt.

Bevor wir nicht ein wenig von dem Funktionieren des Verstandes der Altvordern erfassen, können wir die »Magie« der

Welt, in der sie lebten, nicht wirklich würdigen. Nehmen wir das Rätsel der Sphinx[103]: *Was geht zuerst auf vier Beinen, dann auf zwei und dann auf dreien?* – Die Antwort ist: Der Mensch. – Uns kommt sie eher blödsinnig vor, diese große Frage der Sphinx. Aber in dem unkritischen Altvorderen, der seine Bilder *fühlte*, entfachte sie einen großen Aufruhr von Gefühlen und Ängsten. Das vierbeinige Ding ist das Tier, in all seiner animalischen Andersartigkeit und Kraft, mit seinem Bewußtsein der Wildnis, das um das isolierte Bewußtsein des Menschen herumstreicht. Und wenn es in der Antwort heißt, daß der Säugling auf vier Beinen geht, bricht sofort ein anderer emotionaler Komplex hervor, halb Angst, halb Belustigung, wenn der Mensch sich selbst als Tier wahrnimmt, vor allem in seinem infantilen Stadium, auf allen Vieren gehend, mit dem Gesicht zur Erde und Bauch oder Nabel auf das Erdzentrum ausgerichtet, wie bei einem richtigen Tier, statt den Nabel auf die Sonne ausgerichtet, wie bei einem richtigen Menschen, gemäß der primitiven Vorstellung. Der zweite Teil vom zweibeinigen Geschöpf ruft komplexe Bilder von Menschen, Affen, Vögeln und Fröschen hervor, und das Wahrnehmen der seltsamen Verwandschaft der vier geschieht in einem unvermittelten imaginativen Akt, wie er für uns nur schwer zu erfahren ist, den Kinder aber noch immer vollziehen. Der letzte Teil vom dreibeinigen Geschöpf erregt Staunen und leisen Schrecken und führt auf die Suche in dem großen Hinterland jenseits der Wüsten und der See nach einem bisher nicht entdeckten Untier.

Wir sehen, die emotionale Reaktion auf ein solches Rätsel war enorm. Selbst Könige und Helden wie Hektor oder Menelaos[104] würden dieselbe Reaktion zeigen, wie heutzutage ein Kind, nur tausendfach stärker und tiefer. Die Menschen waren deshalb keine Narren. Heute sind die Menschen viel närrischer, weil sie sich von ihren emotionalen und imaginativen Reaktionen freimachen und nichts empfinden. Der Preis, den wir zahlen, ist

Ödnis und Leblosigkeit. Unsere nüchternen Gedankengänge bedeuten für uns kein Leben mehr. Denn das Sphinx-Rätsel vom Menschen ist heute genauso furchterregend wie es vor Ödipus war, sogar noch mehr. Denn jetzt ist es das Rätsel des lebendig-toten Menschen, was es nie zuvor war.

VIII

Der Mensch dachte und denkt noch immer in Bildern. Aber heute haben unsere Bilder kaum noch einen emotionalen Wert. Wir möchten immer eine *conclusio*, ein *Ergebnis*. Wir wollen bei unseren Gedankengängen immer zu einer Entscheidung kommen, einer Endgültigkeit, einem Schlußpunkt. Das vermittelt uns ein Gefühl der Befriedigung. Unser ganzes geistiges Bewußtsein ist eine Vorwärtsbewegung, eine schrittweise Bewegung, wie unsere Sätze, und jeder Schlußpunkt ist ein Meilenstein, der unseren »Fortschritt« markiert und zeigt, daß wir irgendwo angelangt sind. Weiter und weiter schreiten wir fort, denn das geistige Bewußtsein arbeitet unter der Illusion, daß es etwas gibt, wo man hingelangen könnte, ein Ziel für das Bewußtsein. In Wirklichkeit gibt es natürlich kein Ziel. Bewußtsein ist sich selbst das Ziel. Wir quälen uns damit, irgendwo hinzukommen, und wenn wir dort angekommen sind, sind wir nirgendwo, denn es gibt nichts, wo man hingelangen könnte.

Als die Menschen noch das Herz oder die Leber für den Sitz des Bewußtseins hielten, hatten sie noch keine Idee von diesen immer weiterführenden Gedankengängen. Für sie war ein Gedanke ein vollendeter Zustand des fühlenden Bewußtseins, ein sich ansammelndes Ding, ein sich vertiefendes Ding. Gefühl auf Gefühl vertiefte sich im Bewußtsein, bis ein Zustand der Erfüllung erreicht war. Ein vollständiger Gedanke war das Ausloten einer Tiefe, der Tiefe eines Strudels von emotionalem Bewußtsein, und in der Tiefe dieses Strudels der Emotionen formte sich die Lösung. Aber es gab auf dieser Reise keine Stationen. Es gab keine logische Kette, die weitergeführt wurde.

Das sollte uns helfen, die prophetische Methode der Vergangenheit richtig einzuschätzen, und auch die Methode des Orakels. Von den alten Orakeln wurde nicht erwartet, daß sie etwas sagten, das glatt in die Kette der Umstände paßte. Von ihnen wurde ein Set von Bildern oder Symbolen mit einem dynamischen Wert erwartet, welches das emotionale Bewußtsein des Fragenden, wenn er über die Antwort nachsinnt, schneller und schneller in Bewegung versetzt, bis sich schließlich aus einem Zustand intensiver emotionaler Absorbiertheit die Lösung herausschält, oder, wie wir sagen würden: eine Entscheidung getroffen wird. Tatsächlich machen wir manchmal ziemlich genau dasselbe, nämlich in Krisensituationen. Wenn irgendetwas sehr wichtiges entschieden werden muß, dann ziehen wir uns zurück und grübeln und grübeln, bis die tiefen Emotionen in Gang gesetzt werden und anfangen zu kreisen und zu kreisen, bis sich ein Zentrum herausbildet und wir wissen, »was zu tun ist«. Und die Tatsache, daß heutzutage kein Politiker den Mut besitzt, diese intensive Methode des »Denkens« anzuwenden, ist der Grund für die absolute Armseligkeit des heutigen politischen Geistes.

IX

Nun dann, laßt uns mit diesen Gedanken im Hinterkopf zur Apokalypse zurückkehren: daß die Apokalypse in der Art ihrer Bewegung noch immer ein Werk der alten heidnischen Kultur ist. Wir finden darin nicht den modernen Prozeß der fortschreitenden Gedanken, sondern den alten heidnischen Prozeß der kreisenden Gedanken-Bilder. Jedes Bild vollendet seinen eigenen kleinen Kreis von Aktion und Bedeutung, dann wird es von einem anderen Bild abgelöst. Das gilt besonders für den ersten Teil, vor der Geburt des Kindes[105]. Jedes Bild ist ein Piktogramm, und die Verbindung zwischen den Bildern wird von jedem Leser mehr oder weniger unterschiedlich hergestellt. Ja, sogar jedes Bild wird von jedem Leser anders verstanden, gemäß seiner emotionalen Reaktion. Und trotzdem existiert ein bestimmter präziser Plan, ein Schema.

Wir müssen uns daran erinnern, daß der alte menschliche Bewußtseins-Prozeß ständig *irgendetwas geschehen sehen* muß. Alles ist konkret, es gibt keine Abstraktionen. Und alles *macht* irgendetwas.

Für das alte Bewußtsein waren die Dinge, die Materie, die Substanz Gott. Ein großer Felsen ist Gott. Ein Wasserteich ist Gott. Und warum nicht? Je länger wir leben, desto mehr kehren wir zu der ältesten aller Visionen zurück. Ein großer Fels *ist* Gott. Ich kann ihn berühren. Er ist nicht zu leugnen. Er ist Gott.

Dann sind die Dinge, die sich bewegen, doppelt Gott. Denn wir sind uns ihrer Gotthaftigkeit doppelt bewußt: das, was ist, und das, was sich bewegt. Doppelt göttlich. Alles ist ein »Ding«, und jedes »Ding« handelt und zeitigt Wirkungen. Das Universum ist eine große komplexe Interaktion von Dingen, die existieren, sich bewegen und Wirkungen zeitigen. Und all das ist Gott.

Es ist für uns heute beinahe unmöglich zu erfassen, was die alten Griechen mit Gott oder *theos* meinten. Alles war *theos*; aber nicht immer und zur gleichen Zeit. Alles, was dich in einem Moment *bewegte*, war Gott. Wenn es ein Wasserteich war, mochte die Wasserfläche dich bewegen: dann war sie Gott. Oder das blaue Schimmern bemächtigte sich plötzlich deines Bewußtseins, dann war das Gott. Oder der feine Wasserstaub, der am Abend aufsteigt, nimmt deine Imagination gefangen, dann war das *theos*. Oder beim Anblick des Wassers überkommt dich Durst, dann war der Durst selbst Gott. Oder du hast getrunken, dann war das köstliche und unbeschreibliche Stillen des Durstes ein Gott. Oder du verspürtest beim Berühren des Wassers ein plötzliches Frösteln, dann enstand dadurch eine weitere Gottheit: »die Kühle«. Und sie war keine *Eigenschaft*, sondern eine existierende Entität, fast ein Geschöpf, sicherlich ein *theos*: die Kühle. Und so weiter: auf den trockenen Lippen verspürst du plötzlich einen Niederschlag, das ist »die Feuchtigkeit«, ein weiterer Gott. Selbst für die frühen Wissenschaftler[106] und Philosophen waren »die Kühle«, »die Feuchtigkeit«, »die Hitze«, »die Trockenheit« Dinge an sich, waren Realitäten, Götter, *theoi*. Und sie *bewirkten Dinge*.

Mit dem Erscheinen von Sokrates und »dem Geist« starb der Kosmos. Seit zweitausend Jahren leben die Menschen in einem toten oder sterbenden Kosmos und hoffen auf einen Himmel im Jenseits. Und alle Religionen waren Religionen des toten Körpers und der hinausgeschobenen Belohnung: eschatologisch, um ein Lieblingswort der Wissenschaftler zu gebrauchen.

Es ist sehr schwierig für uns, die heidnische Mentalität zu verstehen. Wenn wir Übersetzungen von Geschichten aus dem alten Ägypten lesen, dann empfinden wir sie als nahezu unverstehbar. Das mag an der Übersetzung liegen, wer kann schon behaupten, ein Skript mit Hieroglyphen wirklich *lesen* zu können. Aber wenn wir Übersetzungen von Volkslegenden der Buschmänner hören, dann geraten wir in fast den gleichen Zustand der Verwirrung. Die Worte mögen verständlich sein, aber der Verknüpfung zwischen ihnen kann man unmöglich folgen. Selbst wenn wir Übersetzungen von

Hesiod[107] oder sogar Platon lesen, dann spüren wir, das dem Werk willkürlich eine Bedeutung *gegeben* wurde, die nicht seine eigene ist. Es ist die Ausrichtung, die falsch ist, die innere Verknüpfung. So eingebildet wir auch sein mögen, die Kluft zwischen der Mentalität von Professor Jowett und der von Platon ist fast unüberbrückbar. Professor Jowetts Platon[108] ist letzlich nur Professor Jowett, mit gerade mal einem Hauch des lebendigen Platon. Von seinem großen heidnischen Hintergrund gelöst ist Platon tatsächlich nur eine weitere viktorianische Statue in einer Toga – oder einer Chlamys[109].

Um uns der Apokalypse zu nähern, müssen wir die mentale Arbeitsweise der heidnischen Denker oder Poeten – heidnische Denker waren notwendigerweise Dichter – schätzen lernen. Sie fangen mit einem Bild an, versetzen das Bild in Bewegung, erlauben ihm, einen eigenen Weg oder eine Umlaufbahn einzuschlagen, und dann nehmen sie ein weiteres Bild auf. Die alten Griechen waren vorzügliche Bilder-Denker, wie die Mythen beweisen. Ihre Bilder waren wunderbar natürlich und harmonisch. Sie folgten eher der Logik der Aktion als der der Vernunft, und sie schwangen nicht die moralische Keule. Aber sie sind uns immer noch näher als die Orientalen, deren Bilder-Denken folgte oft überhaupt keinem Plan, nicht einmal dem Ablauf von Aktionen. Wir können das in einigen Psalmen erkennen, das Flattern von Bild zu Bild, ohne irgendeine wesentliche Verbindung, einfach nur die wunderliche Bilder-Assoziation. Die Orientalen liebten das.

Um die heidnische Art des Denkens würdigen zu können, müssen wir uns von unserer eigenen Art des »dann und dann und dann« von einem Anfang bis zu einem Ende freimachen, und dem Verstand erlauben, sich in Kreisen zu bewegen, oder über einer Traube von Bildern hin und her zu flattern. Unsere Vorstellung von Zeit als ein Kontinuum in einer unendlichen geraden Linie hat unser Bewußtsein grausam verkrüppelt. Die heidnische Konzeption einer Zeit, die sich in Zyklen bewegt, ist viel freier. Sie erlaubt Bewegungen aufwärts und abwärts, und sie erlaubt einen kompletten Wechsel des Bewußtseinszustands, zu jedem Zeitpunkt. Ist ein Zyklus beendet, können wir uns zu einer anderen Ebene aufschwingen oder fallenlassen, und schon sind wir in einer neuen Welt. Aber mit unserer Methode des Zeitkontinuums müssen wir uns mühselig über den nächsten Gebirgskamm schleppen.

Die alte Methode der Apokalypse ist es, das Bild einzuführen, eine Welt zu schaffen, und dann plötzlich diese Welt zu verlassen, in einer Zirkelbewegung von Zeitläufen und selbst von ganzen *Epochen*, und dann zurückzukehren zu einer Welt, nicht gerade genau so einer wie die ursprüngliche, sondern auf einer anderen Ebene. Die »Welt« ist auf der Zwölf aufgebaut: die Zahl Zwölf ist die Basis für einen erschaffenen Kosmos. Und die Zyklen bewegen sich in Siebenern.

Dieser alte Plan existiert noch immer, aber er ist sehr beschädigt. Die Juden verdarben immer die Schönheit eines Planes, indem sie ethische oder ethnische Bedeutungen hineinzwangen. Die Juden haben einen moralischen Instinkt gegen Formgebungen. Formgebung oder ein schöner Plan sind heidnisch und amoralisch. Daher sind wir nicht überrascht, nach den Erfahrungen mit Hesekiel und Daniel, der *mise en scène*[110] einer wirren Vision beizuwohnen. Jüdisches Tempel-Mobiliar wurde hereingeschoben, und vierundzwanzig Älteste oder Presbyter, die nicht länger wissen, was sie sind, aber die versuchen, so jüdisch wie möglich zu sein, und so weiter. Das gläserne Meer stammt aus dem babylonischen Kosmos, die klaren Wasser des Himmels, im Gegensatz zu dem bitteren oder toten Wasser der irdischen Meere. Aber natürlich mußte es in ein Kristall gesetzt werden, einem Tempelbecken. Alles jüdische ist *interieur*. Selbst die Sterne des Himmels und die Wasser des kühlen Firmaments mußten hinter die Vorhänge dieses stickigen Tabernackels oder Tempels verfrachtet werden.[111]

Aber ob Johannes von Patmos die Eröffnungsvision von dem Thron und den vier himmlischen Gestalten und den vierundzwanzig Ältesten oder Zeugen tatsächlich in diesem Durcheinander, das wir vorfinden, hinterlassen hat, oder ob spätere Bearbeiter die Formgebung, in wahrhaft christlichem Geiste, willkürlich beschädigt haben, wissen wir nicht. Johannes von Patmos war ein Jude, so kümmerte er sich nicht viel darum, ob seine Vision vorstellbar war oder nicht. Aber trotzdem fühlen wir, daß die christlichen Schreiber das Muster zerstört haben, um »auf Nummer Sicher zu gehen«. Christen wollten immer »auf Nummer Sicher gehen«.

Das Buch hatte es schwer, überhaupt in die Bibel zu gelangen. Die Kirchenväter der Ostkirche[112] lehnten es völlig ab. Wenn den heidnischen Gestalten also, ganz nach Cromwell'scher[113] Manier, Nasen und Hände abgeschlagen wurde, um »auf Nummer Sicher zu gehen«, dann dürfen wir uns nicht wundern. Wir können uns nur ins Gedächtnis rufen: das Buch hat wahrscheinlich einen heidnischen Kern. Dieser wurde, vor der Zeit Christi, wohl mehr als einmal von jüdischen Apokalyptikern überschrieben. Johannes von Patmos hat dann das ganze Buch wahrscheinlich einmal mehr überschrieben, um es christlich zu machen. Und danach haben christliche Schreiber und Redakteure daran herumgeflickt, um es sicher zu machen. Sie konnten mehr als hundert Jahre daran herumschustern.

Sobald wir einmal in Betracht ziehen, daß die heidnischen Symbole mehr oder weniger vom jüdischen Geist und christlichen Ikonoklasten[114] entstellt wurden, und daß der jüdische Tempel und die Ritual-Symbole willkürlich eingeführt wurden, damit die Himmel in diesen kostbaren jüdischen Tabernakel hineinpassen, dann bekommen wir eine recht gute Vorstellung von der *mise en scène*: die Vision des Thrones mit den lobpreisenden himmlischen Geschöpfen und den in einem Regenbogen gehüllten Kosmokrator, über dessen Anwesenheit ein prismischer Glorienschein strahlt, wie ein Regenbogen und eine Wolke: »Auch Iris ist eine Wolke«[115]. Der Kosmokrator schimmert in der Farbe von Jaspis und Sarder:[116] die Kommentatoren sagen grünliches Gelb, während es in Hesekiel bernsteinfarben[117] ist, vom Widerschein des kosmischen Feuers. Jaspis ist dem Zeichen der *Pisces* gleichgesetzt, welches das astrologische Zeichen unseres Zeitalters ist. Gerade jetzt überschreiten wir die Grenze der Pisces, hinein in ein neues Zeichen und eine neue Ära[118]. Und Jesus wurde während der ersten Jahrhunderte aus demselben Grund »Der Fisch«[119] genannt. In einem solch festen Griff hält das Sternenwissen chaldäischen Ursprungs den Verstand der Menschen!

Vom Thron gehen Donner und Blitze und Stimmen aus. Donner war tatsächlich die erste große kosmische Äußerung. Er war ein Wesen an sich: ein weiterer Aspekt des Allmächtigen oder des Demiurgen. Und seine Stimme war das erste große kosmische Getöse, das Ankündigen der Schöpfung. Das gewaltige Ur-Logos[120] war ein Donnerschlag, der durchs Chaos lachte und den Kosmos erschuf. Aber der Donner, der auch der Allmächtige ist, und der Blitz, der der Feurige Allmächtige ist, der die erste Stichflamme des Lebens hervorbringt – das feurige Logos – haben beide auch ihren drohenden und entzweienden Aspekt. Donnerschläge sind schöpferisch im Raum, Blitzpfeile im fruchtbaren Feuer, oder im Gegenteil: zerstörerisch.

Vor dem Thron befinden sich dann die sieben Fackeln, die als die sieben Geister Gottes erklärt werden.[121] Erklärungen sind in einem Werk wie diesem fragwürdig. Aber die sieben Fackeln sind die sieben Planeten (einschließlich von Sonne und Mond), die die sieben himmlischen Herrscher über die Erde und über uns sind. Die erhabene Sonne, die den Tag und alles Leben auf der Erde schafft. Der Mond, der die Gezeiten und unsere physische Existenz beeinflußt, der auf unbekannte Weise die Menstruation der Frauen beeinflußt und den Rhythmus der männlichen Sexualität. Dann die fünf großen wandelnden Sterne: Mars, Venus, Saturn,

Jupiter und Merkur. Diese, die auch die Tage unserer Woche sind, beherrschen uns heute noch genauso sehr wie damals. Und genauso wenig. Wir wissen, daß wir durch die Sonne leben. Wieviel wir durch die anderen leben, wissen wir nicht. Wir reduzieren alles auf die bloße Anziehung der Schwerkraft. Und selbst so binden uns seltsame, feine Fäden an Mond und Sterne. Daß diese Fäden an unserer Psyche ziehen, kennen wir vom Mond. Aber was ist mit den Sternen? Wie können wir so etwas feststellen? Wir haben diese Art der Wahrnehmung verloren.

Wie auch immer, hier haben wir die *mise en scène* des Dramas der Apokalypse: wenn man mag, kann man es Himmel nennen. Er umfaßt den gesamten Kosmos, so wie wir ihn heute vorfinden: einen »verdorbenen« Kosmos.

Der Allmächtige hält ein Buch in seiner Hand.[122] Das Buch ist zweifelsohne ein jüdisches Symbol. Sie waren ein Volk des Buches, und immer auch große Buchhalter: sie führten durch die Zeitalter hindurch Buch über alle Sünden. Aber das jüdische Symbol eines Buches paßt recht gut, mit seinen sieben Siegeln, die den Siebener-Zyklus repräsentieren. Wie das Buch jedoch Stück für Stück *geöffnet* werden soll, nachdem jeweils ein Siegel aufgebrochen wurde, kann ich mir nicht erklären, denn das Buch ist eine aufgerollte Schriftrolle und kann daher *tatsächlich* erst dann geöffnet werden, wenn alle sieben Siegel aufgebrochen wurden. Wie auch immer, das ist nur ein Detail. Sowohl für den Apokalyptiker, als auch für mich. Vielleicht existiert bis zum Ende überhaupt keine Absicht, es zu öffnen.

Man erwartet, daß der Löwe von Juda das Buch öffnet. Aber siehe! Wenn das königliche Geschöpf die Bühne betritt, entpuppt es sich als Lamm mit sieben Hörnern (der Macht; die sieben Mächte oder Potenzen) und sieben Augen (dieselben alten Planeten).[123] Wir hören stets ein furchterregendes Gebrüll wie von Löwen, und wir erblicken stets ein Lamm, das diesen Zorn an den Tag legt. Wir hegen den Verdacht, daß das Lamm des

Johannes von Patmos der gute alte Wolf im Schafspelz ist. Es benimmt sich wie der furchterregendste Löwe. Nur Johannes besteht darauf, daß es ein Lamm sei.

Er muß auf dem Lamm bestehen, trotz seiner Vorliebe für Löwen, denn der Löwe muß nun dem Aries[124] weichen, denn auf der ganzen Welt muß der Gott, dem wie ein Löwe Blutopfer dargebracht wurden, in den Hintergrund verbannt werden, und der geopferte Gott muß sich in den Vordergrund schieben. Die heidnischen Mysterien eines Gott-Opfers um einer höheren Wiederauferstehung willen sind älter als das Christentum. Und auf einem dieser Mysterien basiert die Apokalypse. Es muß ein Lamm sein. Oder, wie bei Mithras, ein Stier.[125] Und das Blut ergießt sich aus der durchgeschnittenen Kehle des Stieres (sie halten seinen Kopf hoch, wenn sie ihm die Kehle durchschneiden) über den Adepten und macht ihn zu einem neuen Menschen.

»Wasch mich im Blut des Lammes
Und ich werde weißer sein als Schnee...«[126]
kreischt die Heilsarmee auf dem Marktplatz. Sie wären wohl überrascht, wenn man ihnen erzählte, daß es auch ein Stier tun würde. Aber vielleicht wären sie es auch nicht. In der niedrigsten Schicht der Gesellschaft ändert sich die Religion durch die Zeiten hindurch kaum.

(Bei der Hekatombe[127] dagegen wurde der Kopf des Stieres nach unten, zur Erde, gehalten, und seine Kehle über eine Grube durchgeschnitten. Wir denken, daß Johannes Lamm für die Hekatombe bestimmt war.)

Gott wurde zum Tier, das geschlachtet wurde, anstatt des Tieres, welches das Schlachten besorgt. Bei den Juden mußte es nun das Lamm sein, teils wegen ihres alten Passach-Opfers. Der Löwe von Juda kleidete sich in ein Vlies: doch an ihrem Biß sollt ihr sie erkennen[128]. Johannes besteht auf dem Lamm, »welches geschlachtet war«[129]: wir erleben es jedoch nie geschlachtet, wir erleben bloß, wie es die Menschen millionenfach abschlachtet.

Selbst wenn es am Ende siegreich in einem blutigen Gewand daherkommt, ist das Blut nicht sein *eigenes*: es ist das Blut der feindlichen Könige.

»Wasch mich mit dem Blut meiner Feinde

Und ich werde der sein, der ich bin ...«

sagt Johannes von Patmos letztendlich.

Es folgt ein heidnischer Lobgesang. Es ist in der Tat ein richtiger heidnischer Lobgesang zum Preise Gottes. Die Ältesten, diese zweimal zwölf des erschaffenen Kosmos, die in Wirklichkeit die zwölf Zeichen des Zodiaks auf ihren »Plätzen« sind, erheben sich und werfen sich vor dem Thron nieder, wie die Garben vor Joseph[130]. Schalen mit süßem Räucherwerk werden als »Gebete der Heiligen« bezeichnet, wahrscheinlich ein späterer Nachtrag eines kleinen christlichen Schreiberlings. Eine Schar jüdischer Engel fliegt herbei. [131]

Und das Schauspiel kann beginnen.

X

Mit den berühmten vier apokalyptischen Reitern hebt das eigentliche Schauspiel an.[132] Diese vier Reiter sind offensichtlich heidnisch. Sie sind nicht einmal jüdisch. Sie reiten herbei, einer nach dem anderen – auch wenn wir uns nicht erklären können, warum sie durch das Öffnen der Siegel des *Buches* erscheinen. Sie reiten herbei, kurz und knapp, und schon ist es vorbei. Ihr Auftritt wurde auf ein Minimum beschnitten.

Aber sie sind da, offensichtlich von astrologischer Bedeutung, kommen sie auf ihren Pferden zu einem bestimmten Zweck herangeprescht. Zu welchem Zweck? Dieses Mal zu einem eher individuellen und menschlichen als zu einem kosmischen. Das berühmte Buch mit den sieben Siegeln ist an dieser Stelle der Körper des Menschen, eines Menschen, von Adam – von jedem Menschen. Die sieben Siegel sind die sieben Zentren oder Tore seines dynamischen Bewußtseins. Wir werden Zeugen der Öffnung und Eroberung der großen psychischen Zentren des menschlichen Körpers. Der alte Adam wird besiegt, stirbt und wird als neuer Adam wiedergeboren. Aber stufenweise. In sieben Stufen. Oder in sechs Stufen und dann als Klimax die siebte. Denn der Mensch hat sieben Ebenen der Bewußtheit, oder sieben Sphären des Bewußtseins. Und eine nach der anderen muß erobert, transformiert, verwandelt werden.[133]

Was sind nun diese sieben Sphären des menschlichen Bewußtseins? Die Antwort ist beliebig, jeder kann darauf seine eigene Antwort geben. Aber wenn wir einen gewöhnlichen, weit verbreiteten Standpunkt einnehmen, dann repräsentieren sie die vier dynamischen Naturen des Menschen und drei »höhere« Naturen. Symbole bedeuten etwas, doch sie bedeuten jedem Menschen etwas anderes. Lege die Bedeutung eines Symbols fest und du bist in den Gemeinplatz der Allegorie abgerutscht.

Pferde, immer wieder Pferde! Die Pferde beherrschten das Denken der frühen Völker, besonders der mediterranen! Du warst ein Herr, wenn du ein Pferd hattest. Tief, tief drinnen in unserer dunklen Seele tänzelt das Pferd. Es ist ein beherrschendes Symbol. Es verleiht uns Herrschaft. Es verbindet uns – die erste greifbare und erregende Verbindung – mit dem rotglühenden Allmächtigen der Stärke. Es ist sogar der Anfang unserer fleischgewordenen Gottheiten. Und als ein Symbol streift es über die dunklen unterirdischen Weiden der Seele. Es bäumt sich auf und galoppiert über die dunklen Felder in deiner und meiner Seele. Die Gottessöhne[134], die herabstiegen und sich mit den Töchtern der Menschen vermählten und die großen Titanen zeugten, sie hatten »die Glieder von Pferden«, sagte Henoch.

In den letzten fünfzig Jahren hat der Mensch das Pferd verloren. Jetzt ist der Mensch verloren. Der Mensch ist für Leben und Macht verloren – ein Handlanger und Taugenichts. Solange Pferde durch die Straßen von London galoppierten, lebte London.

Das Pferd, das Pferd! Das Symbol für überschäumende Kraft und die Macht der Bewegung und der Tatkraft des Menschen. Das Pferd, von Helden geritten. Selbst Jesus ritt auf einem Esel, ein Reittier der demütigen Macht. Das Pferd ist für die wirklichen Helden. Und es gibt verschiedene Pferde für verschiedene Mächte, für verschiedene heroische Flammen und Impulse.

Der Reiter auf dem weißen Pferd! Wer ist er? Derjenige, der eine Erklärung benötigt, wird nie verstehen. Doch sind Erklärungen unser Schicksal.

Nehmen wir die alte vierfache Natur des Menschen, die vier Temperamente[135]: sanguin, cholerisch, melancholisch und phlegmatisch! Da haben wir die vier Farben der Pferde: Weiß, Rot, Schwarz und *Fahl* oder Gelblich. Aber wie kann Weiß für das sanguine Temperament stehen? – Ah, weil das Blut das Leben selbst war, die Essenz des Lebens. Und die essentielle Kraft des Lebens war strahlend weiß. In unserer alten Zeit *war Blut das*

Leben, und als Macht wurde es visionär als weißes Licht wahrgenommen. Scharlach und Purpur waren nur das Gewand des
Blutes. Ah, das in helles Rot gewandete leuchtende Blut – es war
selbst wie reines Licht!

Das rote Pferd steht für Cholerik, nicht für bloße Wut, sondern für ursprüngliche Hitzigkeit, etwas, das wir Leidenschaft
nennen.

Das schwarze Pferd war die widerspenstige schwarze Galle.

Und das Phlegma oder die Lymphe des Körpers war das fahle
Pferd. Im Übermaß verursacht es den Tod und der Hades folgt
ihm auf dem Fuß.

Oder nehmen wir die vier planetarischen Naturen des Menschen: jovial, martial, saturnisch und merkurisch. Wenn wir etwas hinter die *lateinische* Bedeutung zurückgehen, hin zu der
älteren griechischen, dann haben wir eine weitere Entsprechung.
Der große Jovis (Jupiter) ist die Sonne und das Lebensblut – das
weiße Pferd. Der zornige Mars reitet das rote Pferd. Der Saturn
ist schwarz, starrköpfig, widerspenstig und düster. Der Merkur
ist in Wirklichkeit Hermes, der Hermes der Unterwelt, der
Führer der Seelen, der Wächter zweier Wege und Öffner zweier
Türen, der durch die Hölle oder den Hades führt.

Es gibt also zwei Gruppen der Entsprechungen, beide sind
physischer Natur. Wir verlassen die kosmische Bedeutung, denn
hier liegt eher eine physische als eine kosmische Intention vor.

Wir begegnen dem weißen Pferd immer wieder als Symbol.
Hatte nicht auch Napoleon ein weißes Pferd? Die alten Bedeutungen bestimmen unsere Handlungen, selbst wenn unser Verstand schon träge geworden ist.

Der Reiter auf dem weißen Pferd trägt eine Krone. Er ist das
königliche Ich, er ist mein eigentliches Selbst und sein Pferd ist
das gesamte *mana*[136] des Menschen. Er ist mein wahres Ich, mein
heiliges Ego, das vom Lamm in einen neuen Handlungszyklus
hineingerufen wurde und nun zur Eroberung ausreitet, die Er-

oberung des alten Selbst, um ein neues Selbst zu gebären. Es ist tatsächlich er, der alle anderen »Mächte« des Selbstes überwinden soll. Und wie die Sonne reitet er mit Pfeilen aus zur Eroberung, nicht aber mit dem Schwert, denn das Schwert beinhaltet stets das Richten, und das gehört zu unserem dynamischen oder potenten Selbst. Sein Bogen ist der gespannte Bogen des Körpers, einer Mondsichel ähnlich.

Die eigentliche Handlung des Mythos, oder des rituellen Bilderwerkes, wurde gänzlich weggekürzt. Der Reiter auf dem weißen Pferd taucht auf und verschwindet. Aber wir wissen, warum er erschienen ist. Und wir wissen, warum er am Ende der Apokalypse mit dem letzten Reiter auf einem weißen Pferd gleichgesetzt wird, welcher der himmlische Menschensohn ist, der nach dem letzten und endgültigen Sieg über die »Könige« davonreitet. Die Menschenkinder, selbst du und ich, reiten kleinen Siegen entgegen. Aber der erhabene Menschensohn besteigt nach dem letzten universalen Sieg sein weißes Pferd und führt seine Heerscharen weiter. Sein Gewand ist rot vom Blut der Monarchen, und auf seinem Schenkel[137] steht der Titel geschrieben: König aller Könige und Herr aller Herren. (Warum auf seinem Schenkel? Gib dir selbst eine Antwort. Hat nicht Pythagoras im Tempel seinen goldenen Schenkel gezeigt?[138] Kennst du nicht das alte und machtvolle mediterrane Symbol des Schenkels?) Aber vom Munde des letzten Reiters auf dem weißen Pferd geht das fatale Schwert des richtenden Logos aus. Laßt uns zu Pfeil und Bogen von dem zurückgehen, dem das Richten nicht gegeben ist.

Der Mythos wurde bis auf die bloßen Symbole zusammengestrichen. Der erste Reiter reitet einfach nur weiter. Nach dem zweiten Reiter war der Frieden verloren. Kampf und Krieg überziehen die Welt – die innere Welt des Selbstes. Nach dem Reiter auf dem schwarzen Pferd, der eine Waage trägt, mit der die Maße oder die eigentlichen Gewichtungen der »Elemente« im Körper ausgewogen werden, wird das Brot knapp, während

Wein und Öl nicht angetastet werden. Brot oder Gerste ist hier der Körper oder das Fleisch, das symbolisch geopfert wird. So wie die Gerste in einem griechischen Ritual, die über das Opfer verstreut wird: »Nimm dieses Brot meines Leibes mit dir.«[139] Der fleischliche Körper befindet sich jetzt in einem Zustand des Hungers, er ist im Schwinden begriffen. Mit dem letzten Reiter auf dem fahlen Pferd stirbt das physische oder dynamische Selbst schließlich den »kleinen Tod« des Adepten, und wir betreten den Hades oder die Unterwelt unseres Wesens.

Wir betreten den Hades oder die Unterwelt unseres Wesens, denn unser Körper ist jetzt »tot«. Aber die Mächte oder die Dämonen dieser Unterwelt können nur dem vierten Teil der Erde etwas anhaben, das heißt dem vierten Teil des fleischlichen Körpers. Das bedeutet, der Tod ist nur ein mystischer, und was getötet wird, ist lediglich der Körper, der der bereits bestehenden Schöpfung angehört. Hunger und körperliche Schmerzen befallen den physischen Körper bei diesem kleinen Tod, aber es gibt bisher auch keine größeren Heimsuchungen. Es gibt keine Plagen. Diese sind dem göttlichen Zorn vorbehalten, und hier zürnt noch nicht der Allmächtige.

Es gibt eine oberflächliche und unausgegorene Erklärung der vier Reiter, die aber wahrscheinlich auf die wahre Bedeutung hinweist. Die orthodoxen Kommentatoren, die von den Hungersnöten zur Zeit von Titus oder Vespasian[140] sprechen, mögen den Teil über Gerste und Weizen korrekt lesen, im Sinne eines späten Apokalyptikers. Die *ursprüngliche* Bedeutung, die heidnisch war, wurde absichtlich mit einer Bedeutung überschmiert, die in das Bild des »die Kirche Christi gegen die sündigen heidnischen Mächte« paßt. Aber nichts davon berührt die Reiter selbst. Und vielleicht kann man in dem Buch nirgendwo besser als hier die spezielle Art erkennen, in der die alte Bedeutung vorsätzlich verändert, verdreht und gekürzt wurde, während das Skelett der Struktur intakt blieb.

Aber es gibt noch drei weitere Siegel. Was passiert, wenn sie geöffnet werden?

Nach dem vierten Siegel und dem Reiter auf dem fahlen Pferd ist der Adept des heidnischen Rituals körperlich tot. Es bleibt aber noch die Reise durch die Unterwelt, wo das lebendige »Ich« sich selbst von Seele und Geist entblößen muß, bevor es schließlich nackt aus dem fernen Höllentor wieder in den neuen Tag auftauchen kann. Denn die Seele, der Geist und das lebendige »Ich« sind die drei göttlichen Naturen des Menschen. Die vier körperlichen Naturen werden auf der Erde abgelegt. Von *Zweien* der göttlichen Naturen kann man sich nur im Hades entledigen. Und die letzte ist eine reine Flamme, die am neuen Tag neu eingekleidet wird, nacheinander mit dem spirituellen Körper, dem Seelen-Körper und dann mit dem »Gewand« aus Fleisch mit seiner vierfachen irdischen Natur.

Ohne Zweifel enthielt das heidnische Skript eine Aufzeichnung von dieser Durchquerung des Hades, von dem Entblößen der Seele und dann des Geistes, bis der mystische Tod sich sechsfach erfüllt hat. Das siebte Siegel ist dann der letzte Donnerhall des Todes und der erste gewaltige Lobgesang der neuen Geburt und ungeheurer Freude.

Doch der jüdische Geist haßte die sterbliche und irdische Göttlichkeit des Menschen, und der christliche Geist ebenfalls. Der Mensch ist lediglich hinterher göttlich, wenn er tot und in die Herrlichkeit eingegangen ist. Er *darf keine* Göttlichkeit im Fleische erlangen. Also haben die jüdischen und die christlichen Apokalyptiker das Mysterium des individuellen Abenteuers im Hades abgeschafft und durch eine Schar Märtyrerseelen ersetzt, die unter dem Altar nach Rache schreien. Rache war den Juden eine heilige Pflicht. Diesen Seelen wird gesagt, daß sie sich noch eine Weile gedulden müssen – immer dieses hinausgeschobene Schicksal – bis noch mehr Märtyrer getötet werden. Ihnen werden weiße Gewänder gegeben, was voreilig ist, denn die weißen

93

Gewänder sind die wiederauferstandenen Körper, und wie könnten diese schreienden »Seelen« sie im Hades anlegen – im Grab? Wie auch immer, das ist das Durcheinander, das die jüdischen und christlichen Apokalyptiker bei dem fünften Siegel angerichtet haben.

Das sechste Siegel sollte zeigen, wie das letzte Bißchen lebendiger Rest des »Ichs« sich vom Geist entblößt. Die Apokalyptiker haben das zu einer kosmischen Katastrophe verdreht. Die Sonne wird finster wie ein schwarzer Sack. Das bedeutet, daß sie zu einem großen schwarzen Gestirn wird, das sichtbare Finsternis ausstrahlt. Der Mond wird zu Blut, was eine der schrekkenerregenden Verkehrungen der heidnischen Vorstellungswelt war, denn der Mond ist die Mutter des menschlichen Wasserkörpers. Das Blut gehört zur Sonne, und der Mond kann sich nur, wie eine Hure oder ein weiblicher Dämon, in seinem ausgesprochen negativen Aspekt als Dirne mit rotem Blut betrinken: die Mondgöttin als Bluttrinkerin. Sie, die dem körperlichem Quell aus Fleisch kühles Wasser spenden soll. Die Sterne fallen herab und der Himmel verschwindet wie eine Schriftrolle, die zusammengerollt wird, und »alle Berge und Inseln wurden von ihrem Ort weggerissen«[141]. Das bedeutet die Rückkehr des Chaos und das Ende der kosmischen Ordnung oder der Schöpfung. Doch ist es noch keine totale *Auslöschung*, denn die Könige der Erde und der Rest der Menschheit verbergen sich noch in den fortgerissenen Felsen vor dem stets wiederkehrenden Zorn des Lammes.

Diese kosmische Katastrophe entspricht zweifelsohne dem ursprünglichen endgültigen Tod des Adepten, wenn ihm das Gewand seines eigenen Geistes ausgezogen wird und er tatsächlich mit dem Tode Bekanntschaft macht, jedoch immer noch ein letztes Fünkchen Leben behält, dort unten im Hades. – Es ist jammerschade, daß die Apokalyptiker hier derart eingegriffen haben. Die Apokalypse ist eine eintönige Aneinanderreihung kosmischer Katastrophen. Wir würden mit Freude auf das

Neue Jerusalem verzichten, um dafür den heidnischen Bericht über die Initiation wiederzuerlangen. Und dieser sich ständig wiederholende »Zorn des Lammes« bringt einen so in Rage wie die endlosen Drohungen zahnloser alter Männer.

Wie dem auch sei, die sechs Stufen des mystischen Todes sind vorbei. Die siebte Stufe ist Tod und Geburt in einem. Dann taucht das letzte Fünkchen des ewigen menschlichen Selbstes aus der Hölle auf, und genau in dem Augenblick der Auslöschung wird es zu einer neuen züngelnden Flamme eines sich neu verkörpernden Menschen mit goldenen Schenkeln und einem Glorienschein. Aber erst gibt es eine Pause, eine natürliche Pause. Die Handlung setzt aus und wird in eine andere Welt verlegt, in den äußeren Kosmos. Dort ist ein kleinerer ritueller Zyklus zu erfüllen, vor dem siebten Siegel, dem Zusammenbruch und der Glorie.

XI

Die Schöpfung ist, wie wir wissen, im Geviert angeordnet, und die Zahl der Schöpfung, oder des erschaffenen Universums, ist Vier. Aus den vier Himmelsrichtun gen wehen vier Winde, drei schlechte Winde und ein guter. Wenn alle Winde losgelassen sind, bedeutet das Chaos in der Luft und Zerstörung auf der Erde.

Daher müssen die vier Engel der Winde[142] ihre Winde im Zaum halten, damit weder Erde noch See noch Bäume beschädigt werden, das heißt, die wirkliche Welt.

Aber es gibt einen mystischen Wind aus dem Osten, der Sonne und Mond hinwegweht wie Schiffe unter vollen Segeln, und er trägt sie über den Himmel, wie Fahrzeuge, die langsam dahintreiben. Das glaubte man im zweiten vorchristlichen Jahrhundert. – In diesem Osten erhebt sich der Engel und gebietet mit lauter Stimme den Winden der Zerstörung Einhalt, damit er den Knechten Gottes ein Siegel auf die Stirn drücken kann. Dann werden die zwölf Stämme Israels weitschweifig aufgezählt und empfangen die Siegel, eine ermüdende jüdische Prozedur.

Die Vision ändert sich und wir erblicken eine große Schar, mit weißen Gewändern bekleidet und Palmzweigen in der Hand. Sie steht vor dem Thron und vor dem Lamm und ruft mit lauter Stimme: »Die Rettung kommt von dem, der auf dem Thron sitzt, unserm Gott, und dem Lamm!«[143] Daraufhin werfen sich die Engel und die Ältesten und die vier geflügelten Gestalten nieder und beten Gott mit den Worten an: »Amen, Lob und Ehre, Weisheit und Dank, Preis, Kraft und Stärke sei unserm Gott von Ewigkeit zu Ewigkeit! Amen.«[144] –

Das deutet darauf hin, daß das siebte Siegel geöffnet ist. Der Engel gebietet den Winden zu ruhen, während die Gesegneten oder die Wiedergeborenen erscheinen. Und dann erscheinen sie, die »aus großer Bedrängnis gekommen sind«[145], oder aus der Initiation von Tod und Wiedergeburt. Sie erscheinen in großer Herrlichkeit, in die strahlenden weißen Gewänder ihrer neuen Körper gehüllt, und sie tragen Zweige des Lebensbaumes in ihren Händen. Und sie erscheinen in gleißendem Licht vor dem Allmächtigen. Sie heben an, ihre Lobeshymne zu singen, und die Engel stimmen ein.

Hier erkennen wir, dem Apokalyptiker zum Trotz, den heidnischen Adepten, vielleicht in einem Tempel der Cybele, wie er plötzlich aus dem düsteren Untergrund des Tempels in das gleißende Licht vor den Säulen gebracht wird. Strahlend und neugeboren trägt er ein weißes Gewand und einen Palmzweig in der Hand. Dann ertönen verzückte Flötenklänge um ihn her, und Tanzmädchen bekränzen ihn mit Blumengirlanden. Lichter blitzen auf und Weihrauch steigt empor. Die Priester und Priesterinnen erheben ihre Arme und singen eine Hymne auf die neue Herrlichkeit des Wiedergeborenen. Sie formieren sich um ihn herum und tragen ihn zu einer Art Ekstase. Die Menge sieht dem atemlos zu.

Dieses intensive, lebhafte Szenarium vor dem Tempel, die Verherrlichung des Neuinitiierten und seine Identifikation oder Assimilierung mit der Gottheit, inmitten großen Glanzes und Staunens, mit dem Klang von Flöten und dem Wedeln von Girlanden, all das vor einer ehrfürchtig zuschauenden Menge – wir wissen, daß das das Ende des Rituals der Mysterien der Isis war.[146] Diese Szenerie wurde von dem Apokalyptiker in eine christliche Vision verwandelt. Aber sie spielt sich tatsächlich *nach* dem Öffnen des siebten Siegels ab. Der Zyklus der individuellen Initiation ist abgeschlossen. Der große Konflikt und die Eroberung sind vorbei. Der Adept ist tot, und wird in einem neuen Körper wieder lebendig. Seiner Stirn wird ein Siegel aufgedrückt, wie einem buddhistischen Mönch. Das ist ein Zeichen, daß er den Tod gestorben und sein siebtes Selbst vollendet ist. Er ist ein zweimal Geborener, sein mystisches oder »drittes Auge«[147] ist nun geöffnet. Er schaut in beide Welten. Oder ihm ist, wie den Pharaonen mit der sich zwischen den Augen schlängelnden Uräus-Schlange[148], die letzte stolze Macht der Sonne anvertraut.

Aber all das ist heidnisch und unfromm. Keinem Christen ist es hier auf der Erde und mitten im Leben erlaubt, in einem neuen und göttlichen Körper aufzuerstehen. So bekommen wir statt dessen eine Schar von Märtyrern im Himmel präsentiert.

Das Siegel auf der Stirn kann aus Asche sein, das Siegel des körperlichen Todes. Oder es kann scharlachrot und glänzend sein, für das neue Licht und die Vision. Sie ist tatsächlich in sich selbst das siebte Siegel.

Nun ist es vollbracht und im Himmel herrscht Stille, für den Zeitraum von ungefähr einer halben Stunde.[149]

XII

Und hier endet wahrscheinlich das älteste heidnische Manuskript. Auf jeden Fall ist der erste Zyklus des Schauspiels beendet. Mit mancherlei Verzögerung beginnen einige alte Apokalyptiker den zweiten Zyklus. Diesmal ist es der Zyklus von Tod und Regeneration der Erde oder der Welt, anstatt des individuellen Zyklus. Und auch dieser Teil, das spüren wir, ist viel älter als Johannes von Patmos. Nichtsdestotrotz ist er sehr jüdisch. Eine merkwürdige Verzerrung des Heidentums durch jüdische Moral und Weltuntergangsvisionen. Das monomanische Bestehen auf Strafe und Leid, das sich durch die gesamte Apokalypse zieht. Wir befinden uns jetzt in einer echt jüdischen Atmosphäre.

Aber es gibt noch immer die alten heidnischen Ideen. In großen Wolken steigt Weihrauch zu den Nüstern des Allmächtigen hinauf. Doch diese Weihrauchwolken wurden allegorisiert. Nun sollen sie die Gebete der Heiligen mit sich tragen. Dann wird das göttliche Feuer auf die Erde geschleudert, um mit dem kleinen Tod und der letztendlichen Wiederherstellung von Welt, Erde und Menschheit anzufangen. Sieben Engeln, den sieben Engeln der sieben dynamischen Naturen Gottes, werden sieben Posaunen gegeben, um sieben Verkündungen zu machen.

Dann beginnt der zweite Zyklus der Apokalypse, der der sieben Posaunen.

Wieder gibt es die Aufteilung in vier und drei. Wir sind Zeugen des Todes (des kleinen Todes) vom Kosmos durch göttlichen Befehl. Daher wird jedesmal, wenn eine Posaune ertönt, der dritte Teil, nicht der vierte, der Erde zerstört. Die göttliche Zahl ist Drei. Die Zahl der Welt mit ihren vier Himmelsrichtungen ist Vier.

Bei der ersten Posaune wird der dritte Teil des pflanzlichen Lebens vernichtet.

Bei der zweiten Posaune der dritte Teil allen Lebens im Wasser, mitsamt den Schiffen.

Bei der dritten Posaune wird der dritte Teil des Süßwassers bitter und giftig.

Bei der vierten Posaune werden der dritte Teil von Himmel, Sonne, Mond und Sternen zerstört.

Das entspricht den vier Reitern des ersten Zyklus, in einer unbeholfenen jüdisch-apokalyptischen Variante. Der *materielle* Kosmos hat nun seinen kleinen Tod erlitten.

Was folgt, ist das dreifache »Wehe!«, das den Geist und die Seele der Welt betrifft (hier als Menschen symbolisiert), anstatt den materiellen Teil. Ein Stern fällt zur Erde. Das jüdische Bild für einen herabsteigenden Engel. Er besitzt den Schlüssel zum Abyss, dem jüdischen Gegenstück zum Hades. Die Handlung wird nun in die Unterwelt des Kosmos verlegt, statt in die Unterwelt des Selbstes, wie im ersten Zyklus.

Nun ist alles jüdisch und allegorisch, nicht mehr symbolisch. Sonne und Mond sind verdunkelt, weil wir uns in der Unterwelt befinden.

Der Abyss ist, wie die Unterwelt, voll bösartiger Mächte, die dem Menschen Schaden zufügen.

Denn der Abyss repräsentiert, wie die Unterwelt, die verdrängten Mächte der Schöpfung.

Die alte Natur des Menschen muß weichen und der neuen Natur den Weg freimachen. Beim Zurückweichen verschwindet sie hinab in den Hades und lebt dort weiter. Sie stirbt nicht und wird zu einer negativen, verdrängten und übelwollenden Macht in der Unterwelt.[150]

Diese sehr tiefe Wahrheit war in allen alten Religionen enthalten. Sie ist die Wurzel der Verehrung der Mächte der Unterwelt. Diese Verehrung der Mächte der Unterwelt, der Chtonioi, war vielleicht die eigentliche Grundlage der ältesten griechischen Religion. Wenn ein Mensch weder die Stärke besitzt, seine Mächte der Unterwelt – die tatsächlich die alten Mächte seines alten, verdrängten Selbstes sind – zu unterwerfen, noch die Fähigkeit, sie durch Opfer und dem Holocaust zu besänftigen, dann kehren sie zu ihm zurück und zerstören ihn. Daher bedeutet jede neue Eroberung von Leben ein »Martern der Hölle«.[151]

Genauso wird die Macht des *alten* Kosmos nach jeder großen kosmischen Veränderung verdrängt und wird für das neue Universum zu einer dämonischen und schädlichen Macht. Hinter der Abfolge der Gäa-Uranus-Kronos-Zeus-Mythen steckt eine große Wahrheit.[152]

Daher besitzt der gesamte Kosmos auch einen negativen Aspekt. Die Sonne, die erhabene Sonne, insofern sie die *alte* Sonne eines verdrängten kosmischen Zeitalters ist, haßt das zarte neugeborene Ding, das ich bin, und ist ihm bösartig gesonnen. Sie fügt meinem sich aufrappelnden neuen Selbst Schaden zu, denn sie hat immer noch Macht über mein altes Selbst und ist voller Feindseligkeit.

Ebenso verhält es sich mit den Wassern des Kosmos in ihrer *alten*, verdrängten oder Abyss-Natur. Sie stehen dem Leben feindselig gegenüber, besonders dem Leben der Menschen. Der erhabene Mond, die Mutter meiner inneren Wasserströme, insofern er der alte, tote Mond ist, haßt mein Fleisch und will ihm Verletzungen zufügen, denn er hat immer noch Macht über mein altes Fleisch.

Das ist die Bedeutung von zweien der »Wehe!«[153] von vorhin. Eine sehr tiefe Bedeutung, zu tief für Johannes von Patmos. Die berühmten Heuschrecken des ersten Wehes, die bei der fünften Posaune aus dem Abyss heraufsteigen, sind ein komplexes, aber nicht unverständliches Symbol. Sie tun dem Pflanzenreich keinen Schaden, sondern nur den Menschen, die nicht das neue Siegel auf der Stirn tragen. Sie quälen diese Menschen, können sie aber nicht töten, denn dieses ist der kleine Tod. Und sie quälen sie nur für fünf Monate, was die Jahreszeit der Sonne ist und, mehr oder weniger, der dritte Teil eines Jahres.

Nun sind diese Heuschrecken wie zum Kriege gerüstete Pferde, was bedeutet – Pferde, Pferde –, daß sie feindselige Kräfte oder *Mächte* sind.

Sie haben Haar wie Frauenhaar – der zornige Kamm der Sonnenmächte, die Sonnenstrahlen.

Sie haben Löwenzähne – der rote Löwe der Sonne in seinem bösartigen Aspekt.

Ihr Gesicht gleicht dem eines Menschen – weil sie nur gegen das *innere* Leben der Menschen vorgehen.

Sie haben so etwas wie goldene Kronen – sie sind königlicher Herkunft, von dem königlichen Gestirn der Sonne.

Sie haben Stacheln an ihren Schwänzen, was bedeutet, daß sie den verkehrten oder höllischen Aspekt vertreten. Kreaturen, die einst gut waren, aber zusammen mit einer alten Ordnung verdrängt wurden, und die nun, ins höllische verkehrt, rückwärts stechen.

Und ihr König ist Apollyon – das ist Apollo, der erhabene Herr der (heidnischen und daher höllischen) Sonne.[154]

Nachdem er nun sein seltsames, wirr zusammengesetztes Symbol schließlich verständlich gemacht hat, erklärt der alte jüdische Apokalyptiker, daß das erste Wehe vorbei ist und daß noch zwei weitere folgen.[155]

XIII

Die sechste Posaune ertönt. Die Stimme vom goldenen Altar sagt: »Laß die vier Engel los, die am großen Strom Euphrat gefesselt sind.«[156]
Das sind offenbar die vier Engel der vier Himmelsrichtungen, wie auch die der vier Winde. Der Euphrat, der üble Strom von Babylon, steht zweifelsohne für die Wasser unter der Erde, oder den unterirdischen Ozean des Abyss in seinem höllischen Aspekt.

Und die Engel werden losgelassen, woraufhin offenbar eine große Armee dämonischer Reiter aus dem Abyss auftaucht, alles in allem zweihundert Millionen.

Die Pferde der zweihundert Millionen Reiter haben Löwenköpfe, und aus ihren Mäulern kommen Feuer, Rauch und Schwefel. Und dadurch wird der dritte Teil der Menschheit getötet, durch Feuer, Rauch und Schwefel, die aus ihren Mäulern kommen. Dann wird uns unerwartet mitgeteilt, daß die Kraft der Pferde in ihrem Maul und in ihren Schwänzen sei, denn ihre Schwänze sind wie Schlangen, und haben Köpfe, mit denen sie Schaden anrichten.[157]

Diese sonderbaren Geschöpfe sind natürlich apokalyptische Bilder, keine Symbole, sondern die persönlichen Bilder eines alten Apokalyptikers lange vor Johannes von Patmos. Die Pferde verkörpern Mächte und sind Instrumente des göttlichen Zorns, denn sie töten den dritten Teil der Menschheit. Später wird uns gesagt, daß sie Plagen sind. Plagen sind die Peitschenhiebe Gottes.

Nun sollten sie eigentlich die verkehrten oder bösartigen Mächte des Abyss oder der unterirdischen Wasser sein. Stattdessen sind sie schwefelige, offenbar vulkanische Kreaturen der Feuer des Abyss oder der Unterwelt, die die höllischen Feuer der Sonne sind. Auch haben sie Löwenköpfe, wie die Mächte der höllischen Sonne.

Dann werden ihnen plötzlich Schlangenschwänze verliehen, und sie haben bösartige Kräfte in den Schwänzen. Hier sind wir wieder auf der richtigen Spur – pferdeleibige Schlangenmonstren aus den salzigen Tiefen der Hölle. Das sind die Mächte der unterirdischen Wasser in ihrem verkehrten, bösartigen Aspekt, die mit einer wahrscheinlich tödlichen, wässrigen Krankheit den dritten Teil der Menschheit niederstrecken. So wie die Heuschrecken der fünften Posaune die Menschen mit einer heißen und quälenden, wenn auch nicht tödlichen, Krankheit schlugen, die eine bestimmte Anzahl von Monaten andauerte.

Vielleicht waren hier zwei Apokalyptiker am Werke. Der spätere hat das Schema nicht erfaßt. Er fügte die Schwefelpferde und ihre Reiter mit Brustpanzern aus Feuer, Hyazinth und Schwefel (rot, dunkelblau und gelb) seiner eigenen blühenden Phantasie folgend einfach hinzu. Vielleicht wurde er auch von einem Vulkanausbruch angeregt, oder durch den Anblick eines prachtvollen Reiterheeres aus dem Osten, ganz in rot, blau und gelb gerüstet. Das ist eine echt jüdische Methode.

Aber dann mußte er zu dem alten Manuskript zurückkehren, zu den schlangenschwänzigen Monstren der Wasser. So steckte er die Schlangenschwänze an seine eigenen Pferde und ließ sie losgaloppieren.

Dieser Apokalyptiker der Schwefelpferde ist vielleicht auch für den »feurigen Pfuhl, der mit Schwefel brennt«[158] verantwortlich, in den die Seelen der gefallenen Engel und sündigen Menschen geworfen werden, um für immer und ewig zu brennen. Dieser angenehme Ort ist der Prototyp der christlichen Hölle, speziell erfunden von der Apokalypse. Die alten jüdischen Höllen des Scheols oder der Dschehenna[159] waren eher leicht ungemütliche Abgründe, ähnlich dem Hades. Und als das himmlische Neue Jerusalem geschaffen wurde, verschwanden sie. Sie waren Teil des alten Kosmos und überlebten ihn nicht. Sie waren nicht ewig.

Das war dem Schwefelapokalyptiker und Johannes von Patmos aber nicht gut genug. Sie brauchten einen wunderbar schrecklichen See mit schwefeligem Feuer, der für immer und ewig brennt, damit die Seelen der Feinde weiter und weiter gequält werden können. Wenn nach dem Jüngsten Gericht Himmel und Erde und die gesamte Schöpfung hinweggefegt werden und nur die glorreichen Himmel übrigbleiben, dann existiert dort unten immer noch dieser brennende Pfuhl, in dem die Seelen leiden. Der in Herrlichkeit leuchtende ewige Himmel hoch oben, und der schwefelig leuchtende Foltersee tief unten. Das ist die Vision der Ewigkeit von allen Patmossern. Sie können im Himmel nicht glücklich sein, ohne zu *wissen*, daß ihre Feinde in der Hölle unglücklich sind.

Diese Vision wurde speziell von der Apokalypse in die Welt gesetzt. Vorher existierte sie nicht.

Vorher waren die Wasser der höllischen Unterwelt bitter wie das Meer. Sie waren der negative Aspekt der unterirdischen Wasser, die man sich als wundersamen See vorstellte, voller süßem, lieblichen Wasser. Er lag tief unter den Felsen und war der Ursprung aller Quellen und Ströme der Erde.

Die Wasser des Abyss aber waren salzig wie das Meer. Salz spielte in der alten Vorstellungswelt eine wichtige Rolle. Man nahm an, es sei das Produkt eines »elementaren« Unrechts. Feuer und Wasser, die beiden großen lebendigen Elemente und Gegensätze, ließen durch ihre schlüpfrige, unsichere »Hochzeit« alle Substanzen entstehen. Aber als der eine über den anderen triumphierte, entstand ein »Unrecht«. Als das Sonnenfeuer für die süßen Wasser zu stark wurde, *verbrannte* es sie, und wenn Wasser durch Feuer verbrannt wird, entsteht Salz, das Kind eines Unrechts. Dieses Kind des Unrechts verdarb die Wasser und machte sie bitter. So entstanden die Meere. Und damit auch der Drache der Meere, Leviathan.

So waren die bitteren Wasser der Hölle der Ort, an dem die Seelen ertränkt wurden. Der bittere Ozean des Anti-Lebens, des Endes.

Es gab über Zeitalter hindurch ein Ressentiment gegen die Meere, die bittere, verdorbene See, wie Platon sie genannt hat. Aber das scheint sich zur römischen Zeit schon verloren zu haben. Also ersetzte unser Apokalyptiker sie durch einen brennenden Schwefelsee, der ja auch viel schrecklicher war und die Seelen viel mehr leiden ließ.

Ein Drittel der Menschheit wird von diesen Schwefelreitern getötet. Aber die übrigen zwei Drittel hörten nicht auf die Götzen anzubeten, die »weder sehen noch hören noch gehen können«[160].

Das klingt so, als sei die Apokalypse hier noch recht jüdisch und vorchristlich. Es ist weit und breit kein Lamm zu sehen.

Später schließt dieses zweite Wehe mit dem üblichen Erdbeben ab. Aber da das Erbeben der Erde sofort etwas Neues entstehen lassen muß, wird es erst einmal aufgeschoben.

XIV

Sechs Posaunen wurden geblasen, nun gibt es eine Pause. Genauso wie es eine Pause gab, nachdem die sechs Siegel geöffnet waren, damit die Engel der vier Winde sich formieren konnten; und die Handlung wurde in den Himmel verlegt.

Wie auch immer, jetzt kommen viele Unterbrechungen. Zuerst steigt ein mächtiger Engel herab, ein Herr des Kosmos, ähnlich dem Menschensohn in der ersten Vision. Aber der Menschensohn, wie tatsächlich auch alle anderen messianischen Hinweise, scheint in diesem Teil der Apokalypse zu fehlen. Der mächtige Engel setzt einen brennenden Fuß auf das Meer und den anderen auf die Erde. Dann brüllt er wie ein Löwe durch den Raum. Daraufhin erheben die sieben schöpferischen Donner ihre schöpferische Stimme. Diese sieben Donner sind, wie wir wissen, die sieben tonalen Naturen des Allmächtigen, die Schöpfer von Himmel und Erde. Nun geben sie sieben gewaltigen neuen Befehlen Ausdruck: für einen neuen kosmischen Tag, für eine neue Phase der Schöpfung. Der Seher beeilt sich, diese sieben neuen Worte aufzuschreiben, aber ihm wird befohlen, das zu unterlassen. Ihm ist nicht erlaubt, die Natur der neuen Befehle zu enthüllen, die den neuen Kosmos erschaffen werden. Wir müssen uns bis dahin gedulden. Dann hebt dieser erhabene Engel oder Herr des Kosmos seine Hand und schwört beim Himmel und der Erde und den Wassern unter der Erde, was der große griechische Eid der Götter ist,[161] daß die alte Zeit vorüber ist und sich das Mysterium Gottes bald vollenden wird.[162]

Dem Seher wird das kleine Büchlein[163] zu essen gegeben. Das ist die geringere allgemeine oder universelle Botschaft von der Zerstörung der alten Welt und der Schöpfung einer neuen. Eine geringere Botschaft als die von der Zerstörung des alten Adams und der Erschaffung des neuen Menschen, die das Buch mit den sieben Siegeln verkündet hat. Und im Mund schmeckt sie ihm süß – so wie Rache süß ist – aber im Erleben ist sie bitter.

Dann gibt es eine weitere Unterbrechung: die Vermessung des Tempels. Eine rein jüdische Unterbrechung; das Ausmessen[164] oder das Abzählen der »Auserwählten Gottes« vor dem Ende der Welt, und das Ausschließen aller Nichterwählten.

Dann folgt die höchst seltsame Unterbrechung mit den beiden Zeugen. Orthodoxe Kommentatoren identifizieren diese beiden Zeugen mit Moses und Elia, die bei der Verklärung Jesu mit ihm auf dem Berg waren.[165] Sie sind aber um einiges älter. Diese beiden Zeugen sind in Sackleinen gewandte Propheten. Das bedeutet, daß sie in ihrem negativen Aspekt der Verkehrung und des Unheils erscheinen. Sie sind die beiden Leuchter und die beiden Olivenbäume, die vor »Adonai«[166], dem Herrn der Erde, stehen. Sie haben Macht über die Wasser der Himmel (Regen), Macht, Wasser in Blut zu verwandeln, und die Macht, die Erde mit allen erdenklichen Plagen zu schlagen. Sie legen Zeugnis ab, dann steigt das Tier aus dem Abyss herauf und tötet sie. Ihre toten Körper liegen auf der Straße der großen Stadt, und die Menschen der Erde jubeln, denn diese beiden, von denen sie gequält wurden, sind nun tot. Aber nach drei und einem halben Tag fährt der Lebensgeist Gottes in die beiden Toten und sie stehen wieder auf, und eine laute Stimme vom Himmel sagt: »Steigt herauf!« So steigen sie auf einer Wolke in den Himmel auf, und ihre Feinde erblicken sie voller Angst.

Es scheint so, als hätten wir hier eine Schicht des sehr alten Mythos über die geheimnisvollen Zwillinge, »die Kleinen«, der solch eine große Macht über die Natur der Menschen hatte. Sowohl die jüdischen als auch die christlichen Apokalyptiker wichen dieser Stelle der Offenbarung aus, nirgends wurde eine befriedigende Erklärung dafür gegeben.

Die Zwillinge gehören zu einem sehr alten Kult, der offenbar allen Völkern des alten Europas geläufig war. Anscheinend waren sie himmlische Zwillinge, die dem Firmament angehörten. Doch als die Griechen sie, bereits in der Odyssee, mit den Tyndariden, Kastor und Polydeukes,[167] identifizierten, lebten sie abwechselnd im Himmel und im Hades und legten für beide Orte Zeugnis ab. Und so können sie sowohl die Leuchten sein, die Sterne des Himmels, als auch die Olivenbäume der Unterwelt.

Aber je älter ein Mythos ist, desto tiefer reicht er ins menschliche Bewußtsein, und um so mannigfaltiger werden die Formen sein, die er an der Oberfläche des Bewußtseins annimmt. Wir müssen uns daran erinnern, daß einige Symbole, und das der Zwillinge ist eines davon, selbst unser modernes Bewußtsein um tausend Jahre zurückversetzen können, für zweitausend Jahre, für dreitausend Jahre, für viertausend Jahre und selbst darüber hinaus. Die Macht der Suggestion ist höchst mysteriös. Mal funktioniert sie überhaupt nicht, dann wieder kann sie den unbewußten Verstand in großen zyklischen Stössen um Zeitalter zurückversetzen, oder auch auf halbem Wege Halt machen.

Wenn wir an die heroischen Dioskuren[168] denken, die griechischen Zwillinge, die Tyndariden, dann ist das erst der halbe Weg zurück. Im griechischen Zeitalter der Heroen geschah etwas seltsames. Alle kosmischen Konzepte wurden anthropomorph umgestaltet, und doch bewahrten sie einen Großteil ihres kosmischen Zaubers. So sind die Dioskuren das alte Zwillingspaar und sie sind es auch nicht.

Aber die Griechen kehrten selbst immer wieder zu den vorheroischen, vor-olympischen Göttern und Mächten zurück. Die olympisch-heroische Periode war nur ein Zwischenspiel. Die olympisch-heroische Vision wurde stets als etwas flach empfunden, so fiel die alte griechische Seele ständig auf tiefere, ältere und dunklere Ebenen des religiösen Bewußtseins herab, all die Jahrhunderte hindurch. So verhält es sich zum Beispiel mit den geheimnisvollen Tritopatoren zu Athen.[169] Sie wurden ebenfalls »Die Zwillinge« und Dioskuren genannt. Sie waren aber die Herren der Winde und die geheimen Wächter bei der Zeugung von Kindern. Hier befinden wir uns also wieder auf den alten Ebenen.

Als der Samothrakische Kult sich im dritten und zweiten Jahrhundert vor Christi in Hellas ausbreitete, wurden aus den Zwillingen die *Kabeiroi* oder die Kabiren und erlangten wieder einen enormen suggestiven Einfluß auf das Denken der Menschen.[170] Die Kabiren waren ein Rückgriff auf die alte Idee der dunklen oder mysteriösen Zwillinge, die sowohl mit der Bewegung der wolkigen Himmel und der Luft verbunden waren als auch mit dem Zyklus der Fruchtbarkeit; und mit dem immerwährenden rätselhaften Gleichgewicht zwischen diesen beiden. Der Apokalyptiker sieht sie in ihrem bedrohlichen Aspekt, als Herren über das Wasser in der Luft und auf der Erde, das sie in Blut verwandeln können, und als Herren der Plagen des Hades; das sind die negativen himmlischen und höllischen Aspekte der Zwillinge.

Aber die Kabiri waren mit vielen Dingen verbunden, und es wird gesagt, daß ihr Kult in muslimischen Ländern noch lebendig ist. Sie waren die beiden geheimen Kleinen, die Homunculi und die »Rivalen«. Sie waren ebenfalls mit dem Donner verbunden und mit zwei runden schwarzen Donnersteinen. So wurden sie auch »Söhne des Donners« genannt. Sie besaßen Macht über den Regen, konnten Milch gerinnen lassen und, in ihrem bösartigen Aspekt, Wasser in Blut verwandeln. Als Donnernde waren sie Entzweiende[171], schieden Wolken, Luft und Wasser. Und immer haben sie diesen Aspekt der Rivalen, Teiler, Entzweier, im Guten wie im Bösen: Sie schaffen Ausgleich.

Durch einen weiteren symbolischen Sprung finden wir sie auch als alte Götter der Türpfosten. Mal waren sie die Torwächter, und mal die Zwillingsgeschöpfe, die den Altar bewachten, oder den Baum, oder die Urne, wie in so vielen babylonischen, ägäischen und etruskischen Gemälden und Skulpturen. Oft waren sie Panther, Leoparden, Greife, Erd- und Nachtgeschöpfe, gestrenge Hüter.

Sie sind es, die Dinge auseinanderhalten, um Raum zu schaffen, einen Torweg.[172] In diesem Sinne sind sie Regenmacher, sie öffnen die Pforten des Himmels, vielleicht als Donnersteine. Im selben Sinne sind sie die heimlichen Herren der Geschlechtlichkeit, denn man erkannte schon früh, das Geschlechtlichkeit ein Auseinanderhalten von zwei Dingen ist, damit die Geburt zwischen ihnen stattfinden kann. Im geschlechtlichen Sinne können sie Wasser in Blut verwandeln, denn der Phallus selbst war der Homunculus, und in einem Aspekt war er selbst die Zwillinge der Erde, der von den Kleinen, der Wasser machte, und der, der mit Blut gefüllt war. Die Rivalen in der Natur eines Mannes, in seinem irdischen Selbst, symbolisiert in den Zwillingen der Hoden. So sind sie die Wurzeln der Zwillings-Olivenbäume, die Oliven und das Öl der zeugungsfähigen Samen hervorbringen. Sie sind ebenso die beiden Leuchter, die vor dem Herren der Erde, vor Adonai stehen. Denn sie spenden die beiden wechselnden Formen des elementaren Bewußtseins, unser Tagbewußtsein und unser Nachtbewußtsein. Das eine haben wir in der Tiefe der Nacht, und das andere ist der davon sehr verschiedene Zustand, den wir am Tage besitzen. Der Mensch ist ein Wesen mit einem dualen und eifersüchtigen Bewußtsein, und die Zwillinge legen von der Dualität eifersüchtig Zeugnis ab. Anatomisch gesehen sind sie es, die in unserem Körper die beiden Ströme von Wasser und Blut auseinanderhalten. Wenn sich Wasser und Blut je in unserem Körper mischen, werden wir sterben. Diese beiden Ströme werden von den kleinen Leuten, den Rivalen, auseinandergehalten. Und auf diesen beiden Strömen beruht das duale Bewußtsein.

Nun sind die Kleinen, die Rivalen, »Zeugen« des Lebens, denn genau zwischen ihren Gegensätzen wächst der Lebensbaum aus der irdischen Wurzel. Sie legen stets vor dem Gotte der Erde oder der Fruchtbarkeit Zeugnis ab. Und stets setzen sie dem Menschen Grenzen. Bei jeder irdischen oder physischen Aktivität sagen sie zu ihm: bis hierher und nicht weiter. Sie begrenzen jede Handlung, jede

»irdische« Handlung, auf ihren eigenen Bereich, und gleichen sie mit einer Gegenhandlung aus. Sie sind die Götter des Tores, aber sie sind auch die Götter der Begrenzungen. Jeder ist stets auf den anderen eifersüchtig und hält den anderen im Zaum. Sie ermöglichen das Leben, aber sie begrenzen es auch. So wie die Hoden halten sie immer die phallische Balance, sie sind die beiden phallischen Zeugen. Sie sind die Feinde von Trunkenheit, Ekstase und Zügellosigkeit, kurz, von zügelloser Freiheit. Stets legen sie vor Adonai Zeugnis ab. Daher jubeln die Menschen in den Städten der Ausschweifung, als das Tier aus dem Abyss, das der höllische Drache oder der Dämon der Erdzerstörung ist, oder der Zerstörung des menschlichen Körpers, diese beiden »Wächter« schließlich tötet, die eine Art von Polizei in »Sodom« und »Ägypten« sind.[173] Die Körper der Getöteten liegen drei und einen halben Tag unbeerdigt herum. Das heißt, eine halbe Woche, oder die Hälfte einer Periode, in der alle Schicklichkeit und Zurückhaltung von den Menschen abgefallen sind.

Die Sprache des Textes, »sie freuen sich, feiern Feste und senden einander Geschenke«[174], weist auf heidnische Saturnalien hin, wie die Hermaien auf Kreta oder die Sakaien in Babylon, die Feste der Torheit.[175] Wenn es das ist, was der Apokalyptiker gemeint hat, dann zeigt es, wie genau er dem heidnischen Schema gefolgt ist, denn die alten Saturnalien repräsentieren alle das Brechen, oder zumindest die Unterbrechung, der alten Ordnung und Herrschaft.Und hier ist es die »natürliche Herrschaft« der beiden Zeugen, die gebrochen wird. Die Menschen flüchten für eine Weile vor den Gesetzen, selbst denen ihrer eigenen Natur. Für drei und einen halben Tag. Das ist die Hälfte der heiligen Woche, oder eine »kleine« Zeitperiode. Dann erstehen die beiden Zeugen wieder auf, als Vorboten der neuen Erde und des neuen Körpers des Menschen. Die Leute erstarren vor Angst, die Stimme vom Himmel ruft die beiden Zeugen und sie steigen in einer Wolke hinauf.

»Zwei der lilienweißen Knaben, gewandet ganz in Grün -Oh!«[176]
Die Erde und der Körper können ihren Tod nicht sterben, bis diese beiden heiligen Zwillinge, die Rivalen, getötet worden sind.

Ein Erdbeben ereignet sich, der siebte Engel bläst seine Posaune und macht die große Verkündigung: »Nun gehören die Reiche der Welt unserm Herrn und seinem Christus, und er wird regieren von Ewigkeit zu Ewigkeit.«[177] So gibt es wieder Verehrungen und Dankesgebete im Himmel, weil Gott wieder die Herrschaft übernommen hat. Der Tempel Gottes im Himmel wird aufgetan, das Heiligste des Heiligen wird offenbart, die Lade seines Bundes wird sichtbar. Dann geschehen Blitze, Stimmen, Donner, Erdbeben und ein großer Hagel, die eine Periode abschließen und eine neue ankünden. Das dritte Wehe ist vorbei.

Hier endet der erste Teil der Apokalypse, die alte Hälfte. Der kleine Mythos, der folgt, steht dramaturgisch recht allein in dem Buch da und ist mit dem Rest wirklich nicht im Einklang. Einer der Apokalyptiker hat ihn als Teil eines theoretischen Schemas eingefügt: die Geburt des Messias nach dem kleinen Tod von Erde und Mensch. Die anderen Apokalyptiker haben ihn dort stehen lassen.

XV

E s folgt der Mythos von der Geburt eines neuen Sonnen-
gottes durch eine große Sonnengöttin und ihre Verfol-
gung durch den großen roten Drachen. Dieser Mythos
ist als Mittelstück der Apokalypse übriggeblieben und soll die
Geburt des Messias darstellen. Selbst orthodoxe Kommentatoren geben zu, daß das völlig unchristlich ist, und beinahe genauso unjüdisch. Wir sind hier ganz unten beim heidnischen
Grundgestein angelangt, und wir erkennen sofort, wieviele jüdische und jüdisch-christliche Schichten in den anderen Teilen
darübergelagert sind.

Doch dieser heidnische Geburtsmythos ist nur sehr kurz – so
wie der andere Auszug eines reinen Mythos, der von den vier
Reitern.

»Und es erschien ein großes Zeichen am Himmel: eine Frau,
mit der Sonne bekleidet, und der Mond unter ihren Füßen und auf
ihrem Haupt eine Krone von zwölf Sternen. Und sie war schwan-
ger und schrie in Kindsnöten und hatte große Qual bei der Geburt.

Und es erschien ein anderes Zeichen am Himmel: siehe, ein
großer, roter Drache, der hatte sieben Köpfe und zehn Hörner
und auf seinen Köpfen sieben Kronen, und sein Schwanz fegte
den dritten Teil der Sterne des Himmels hinweg und warf sie auf
die Erde. Und der Drache stand vor der Frau, die gebären sollte,
um ihr Kind zu fressen, sobald es geboren wäre.

Und sie gebar einen Sohn, einen Knaben; der sollte alle Völker
mit eisernem Stab weiden. Und ihr Kind wurde zu Gott und seinem Thron entrückt. Und die Frau entfloh in die Wüste, wo sie
einen Zufluchtsort hatte, der ihr von Gott bereitet war; dort sollte
sie versorgt werden tausendzweihundertsechzig Tage lang.

Und es entbrannte ein Krieg im Himmel; Michael und seine
Engel nahmen den Kampf gegen den Drachen auf. Auch der

114

Drache und seine Engel kämpften, doch sie konnten nicht standhalten, und ihr Platz fand sich nicht mehr im Himmel.

Und der große Drache, die alte Schlange, wurde hinuntergeworfen. Er heißt auch Teufel und Satan, der alle Welt verführt. Er wurde auf die Erde geworfen, und mit ihm wurden seine Engel dorthin geworfen.«[178]

Dieses Fragment ist tatsächlich der Angelpunkt der Apokalypse. Es wirkt wie ein später antiker Mythos, der von verschiedenen griechischen, ägyptischen und babylonischen Mythen abgeleitet ist. Vielleicht hat ihn der erste Apokalyptiker dem ursprünglichen heidnischen Manuskript hinzugefügt, viele Jahre vor der Geburt Christi, um seine Vision eines sonnengeborenen Messias darzustellen. Aber in Verbindung mit den vier Reitern und den beiden Zeugen ist die mit der Sonne bekleidete Göttin, die auf einer Mondsichel steht, nur schwer mit einer jüdischen Vision in Einklang zu bringen. Die Juden haßten die heidnischen Götter, aber noch mehr verabscheuten sie sie die großen heidnischen Göttinnen. Wenn möglich sprachen sie nicht einmal von ihnen. Und diese wunderbare, mit der Sonne bekleidete Frau, die auf der Sichel des Mondes steht, deutete allzusehr auf die große Göttin des Ostens hin, die große Mutter, die zur Magna Mater der Römer wurde. Diese große weibliche Gottheit mit einem Kind ist schon weit, weit zurück in der Geschichte des östlichen Mittelmeeres zu erkennen, in den Tagen, als das Matriarchat noch die natürliche Ordnung der im Dunkel liegenden Völker war. Wie gelangt sie dann als herausragende Gestalt in eine jüdische Apokalypse? Wir werden es nie erfahren, es sei denn, wir erkennen das alte Gesetz an, nach dem der Teufel, jagt man ihn zur Vordertür hinaus, zur hinteren wieder hereinschlüpft. Diese große Göttin verweist auf viele Abbildungen der Jungfrau Maria. Sie brachte in die Bibel ein, was dort vorher fehlte: die große kosmische Mutter, festlich gekleidet und prächtig, aber verfolgt. Und sie ist natürlich wesentlich für das Schema von

Macht und Pracht, das nach einer Königin verlangt; anders als die Religionen der Entsagung, die frauenlos sind. Die Religionen der Macht brauchen eine große Königin und Königinnenmutter. So steht sie hier in der Apokalypse, dem Buch der vereitelten Macht-Verehrung.

Nachdem die große Mutter vor dem Drachen geflohen ist, ändert sich die Tonart der ganzen Apokalypse. Unvermittelt wird der Erzengel Michael eingeführt. Das ist ein großer Sprung von den vier geflügelten Gestalten, die bis jetzt die Cherubim gewesen waren. Der Drache wird mit Luzifer und Satan identifiziert, muß aber gleichwohl seine Macht an das Tier aus dem Meer, alias Nero, abgeben.

Es findet eine große Veränderung statt. Wir verlassen die alte Welt des Kosmos und der Elemente und begeben uns in die spätjüdische Welt, wo Engel wie Polizisten und Postboten sind. Diese Welt ist im wesentlichen uninteressant, ausgenommen der großen Vision von der scharlachroten Frau[179]. Sie wurde von den Heiden entliehen und ist natürlich nur eine Verkehrung der großen mit der Sonne bekleideten Frau. Die späten Apokalyptiker gefallen sich viel mehr darin, sie zu verfluchen und sie als Hure und schlimmeres zu beschimpfen, als sie mit der Sonne bekleidet zu sehen und ihr entsprechende Verehrung zu erweisen.

Die zweite Hälfte der Apokalypse fällt insgesamt sehr ab. Das sehen wir am Kapitel mit den sieben Schalen. Die sieben Schalen des Zorns des Lammes sind eine unbeholfene Imitation der sieben Siegel und der sieben Posaunen. Der Apokalyptiker weiß nicht mehr, worum es geht. Es gibt keine Aufteilung in vier und drei, keine Wiedergeburt oder Herrlichkeit nach der siebten Schale – nur eine unbeholfene Folge von Plagen. Und dann verkommt die ganze Sache zu dem Spiel von Prophezeiung und Verfluchung, das wir schon von den alten Propheten und Daniel her kennen. Die Visionen sind amorph und besitzen recht offensichtliche allegorische Bedeutungen: das Treten der Kelter des göttlichen Zorns, und so weiter. Es ist gestohlene Dichtung, gestohlen von den alten Propheten. Und der Rest, die Zerstörung Roms, ist eine lärmende und eher langweilige Angelegenheit. Rom war sowieso mehr als Jerusalem.

Nur die große Hure von Babylon erscheint prächtig, wie sie in Purpur und Scharlach auf ihrem scharlachroten Tier sitzt. Sie ist die Magna Mater in ihrem negativen Aspekt, in den Farben der zornigen Sonne gekleidet und auf dem großen roten Drachen der zornigen kosmischen Kräfte thronend. Prächtig thront sie dort, und prächtig ist ihr Babylon. Die späten Apokalyptiker zerreißen sich die Münder über all das Gold und Silber und die Edelsteine des sündigen Babylons. Wie sehr sie all das *begehren*! Wie sie Babylon um seine Pracht *beneiden*, ja beneiden! Wie liebend gerne sie alles zerstören. Die Hure thront großartig mit ihrem goldenen Becher in der Hand, gefüllt mit dem Wein der Sinnesfreuden. Wie liebend gerne hätten die Apokalyptiker aus ihrem Becher getrunken! Da sie es nicht vermochten, zerschlugen sie ihn mit Freuden!

Dahingegangen ist die heidnische Gelassenheit, mit der man die kosmische Frau, eingehüllt in ihrem warmen, sonnigen Glühen, betrachtet hat, die ihre Füße auf den Mond setzt, den Mond, der uns unser weißes Fleisch gibt. Dahingegangen ist die große kosmische Mutter, gekrönt mit einem Diadem aus den zwölf großen Sternen des Zodiaks. Sie wurde in die Wüste gejagt, und der Drache des wässrigen Chaos speit Fluten von Wasser auf sie. Aber die freundliche Erde schluckte die Fluten, und die große Frau, mit Adlerflügeln versehen, muß verloren in der Wüste bleiben. Für eine Zeit und zwei Zeiten und eine halbe Zeit.[180] Das entspricht dem drei und einen halben Tag oder Jahr an anderen Stellen der Apokalypse und bedeutet die Hälfte einer Periode.

Das ist das letzte, was wir von ihr sehen. Seitdem ist sie in der Wüste verschwunden, die große kosmische Mutter, gekrönt mit den Zeichen des Zodiaks. Seit sie geflohen ist, haben wir nichts außer Jungfrauen und Huren: Halb-Frauen, die Halb-Frauen des christlichen Zeitalters. Denn die Große Frau des heidnischen Kosmos wurde am Ende der alten Epoche in die Wildnis getrieben, und sie wurde nie zurückgerufen. Die Diana von Ephesus[181], das Ephesus des Johannes von Patmos, war bereits eine Travestie der großen sternengekrönten Frau.

Vielleicht war es sogar ein Buch ihres »Mysteriums« und ihres Initiationsrituals, dem die Apokalypse ihre Existenz verdankt. Aber wenn dem so war, dann wurde es so oft überschrieben, daß von ihr nur noch ein Schimmer übrig blieb. Und auch ein Schimmer der großen kosmischen Frau scheint rötlich durch. Oh, wie überdrüssig werden wir all der Leiden und Plagen und Tode in der Apokalypse! Wie unendlich überdrüssig sind wir allein des Gedankens an das Neue Jerusalem, das am Ende steht, dieses Paradies eines Juweliers! All dieses manische Anti-Leben! Sie ertragen es nicht einmal, Sonne und Mond weiterexistieren zu lassen, diese schrecklichen Heilsarmisten! Aber das ist nur der Neid.

XVI

Die Frau ist eines der Zeichen, der »Wunder«. Und das andere Wunder ist der Drache. Der Drache ist eines der ältesten Symbole des menschlichen Bewußtseins. Das Symbol des Drachen und der Schlange reichen so tief in das Bewußtsein jedes Menschen, daß ein Rascheln im Gras den hartgesottensten »aufgeklärten« Menschen so aufrütteln kann, daß er keine Kontrolle darüber hat.

Zuallererst ist der Drache ein Symbol des schnellen, fließenden, aufrüttelnden Lebensstroms in uns. Das aufrüttelnde Leben, das wie eine Schlange in uns züngelt, das ist der Drache. Oder die Schlange liegt, voll verborgener Macht, aufgerollt in uns und wartet. Und genauso verhält es sich mit dem Kosmos.

Von frühester Zeit an ist sich der Mensch einer »Macht« oder Kraft in sich – und auch außerhalb seiner – bewußt gewesen, über die er keine vollständige Kontrolle hat. Es ist eine fließende, vor sich hinplätschernde Kraft, die in uns schlummern oder schlafen kann, und doch stets bereit ist, unerwartet hervorzuspringen. So wie der plötzliche Zorn, der uns aus unserem Inneren heraus befällt, der in leidenschaftlichen Leuten leidenschaftlich und furchtbar wütet. Oder die plötzlichen Ausbrüche von ungestümer Begierde, von wilder sexueller Begierde, oder von Heißhunger, oder von irgendeinem anderen starken Bedürfnis, selbst dem nach Schlaf. Man würde den Hunger, der Esau sein Erstgeburtsrecht verkaufen ließ[182], seinen Drachen nennen. Später hätten die Griechen es sogar einen »Gott« in ihm genannt. Es ist etwas, das über ihn hinausgeht und doch in ihm ist. Es ist schnell und überraschend wie eine Schlange, und überwältigend wie ein Drache. Es springt von irgendwo in ihm auf und gewinnt Oberhand über ihn.

Der primitive Mensch, oder sollen wir sagen der frühe Mensch, fürchtete sich in gewisser Weise vor seiner eigenen Natur. Sie war in ihm so ungestüm und überraschend, »machte stets Dinge mit ihm«. Er erkannte früh die halb göttliche, halb dämonische Natur dieser »überraschenden« Kraft in sich. Manchmal überkam sie ihn mit Glorie, so als Samson den Löwen mit seinen Händen tötete, oder David Goliath mit einem Kieselstein.[183] Die Griechen vor Homer hätten diese beiden Taten »Gott« genannt, in Anerkennung der übermenschlichen Natur der Taten und dem *Vollbringer der Tat*, der sich *im* Menschen befand. Dieser »Vollbringer der Tat«, diese flüssige, schnelle, unbesiegbare, ja hellseherische Kraft, die durch den gesamten Körper und Geist des Menschen branden kann, das ist der Drache, der große göttliche Drache der übermenschlichen Kräfte, oder der große dämonische Drache der innerlichen Zerstörung. Es ist das, was in uns tost, uns drängt zu bewegen, uns handeln läßt, uns etwas erschaffen läßt – es läßt uns aufspringen und leben. Moderne Philosophen mögen es Libido oder *Elan Vital* [184] nennen, aber die Worte sind nur dünn, sie enthalten keine der wilden Vorstellungen, die der Drache in sich trägt.

Die Menschen »verehrten« den Drachen. In der großen Vergangenheit war ein Held dann ein Held, wenn er den feindlichen Drachen besiegt hatte, wenn die Macht des Drachen *in seinen* Gliedern und *seiner* Brust steckte. Als Moses die eherne Schlange in der Wüste aufrichtete[185], eine Tat, die die Vorstellung der Juden für viele Jahrhunderte beherrschte, ersetzte er den Biß des bösartigen Drachen, oder der Schlange, durch die Kraft des wohlwollenden Drachen. Das bedeutet, daß der Mensch die Schlange für oder gegen sich haben kann. Wenn seine Schlange mit ihm ist, dann ist er beinahe göttlich. Wenn seine Schlange gegen ihn ist, dann wurde er innerlich gebissen, vergiftet und besiegt. Das große Problem der Vergangenheit war die Eroberung der *feindseligen* Schlange, und die Befreiung hinein in das strahlende, helle Selbst der goldenen Schlange. Das flüssige goldene Leben im Inneren des Körpers, das sich Erheben des prächtigen göttlichen Drachen in einem Mann oder in einer Frau.

Die Menschen heute kranken daran, daß tausende kleiner Schlangen sie ständig beißen und vergiften und der große göttliche Drache träge und untätig ist. In diesen modernen Zeiten können wir ihn nicht zum Leben erwecken. Er erwacht für eine Weile auf den niederen Ebenen des Lebens: in einem Flieger wie Lindbergh oder einem Boxer wie Dempsey.[186] Es ist die kleine goldene Schlange, die diese beiden Männer für kurze Zeit auf eine gewisse heldische Ebene hebt. Aber auf den höheren Ebenen ist kein Schimmer oder Schein des großen Drachen auszumachen.

Die eigentliche Vision des Drachen ist aber nicht die persönliche, sondern die kosmische. Dort in dem weiten Sternenkosmos windet sich der Drache und schlägt mit seinem Schwanz. Wir sehen ihn in seinem bedrohlichen Aspekt: rot. Aber laßt uns nicht vergessen, das er es ist, der das Wunder der Nacht hervorbringt, wenn er sich grünlich blitzend über den klaren Sternenhimmel einer dunklen Nacht bewegt. Es ist sein geschmeidiges sich Winden und Schlängeln, das die Himmel so gelassen und heiter macht, wenn er umhergleitet und die unverletzliche und kostbare Stärke der Planeten bewacht, den Fixsternen Glanz und neue Stärke verleiht, und dem Mond noch mehr heitere Schönheit. Sein Winden in der Sonne macht die Sonne glücklich, bis sie in strahlendem Glanze tanzt. Denn in seinem positiven Aspekt ist der Drache der große Lebensspender, der das Leben des ganzen Universums intensiviert.

Und so lebt er bei den Chinesen noch immer fort. Der lange grüne Drache, der uns von vielen chinesischen Sachen her so vertraut ist, ist der Drache in seinem positiven Aspekt als Lebensbringer, als Lebensspender, als Lebenssteigerer. Dort windet er sich auf der Brust der Mandarin-Mäntel, ein furchterregender Anblick, er windet sich im Zentrum der Brust und schlägt mit seinem Schwanz hinter sich. Und tatsächlich ist der Mandarin stolz und stark und erhaben, wie er von dem Drachen umschlungen wird, er ist der Herr des Drachen. – Es ist derselbe

Drache, der nach hinduistischer Vorstellung aufgerollt am Ende der menschlichen Wirbelsäule ruht. Manchmal entrollt er sich und schießt die Wirbelsäule herauf. Die Yogis versuchen, diesen Drachen in kontrollierte Bewegung zu versetzen.[187] Der Drachen-Kult ist immer noch auf der ganzen Welt lebendig und voller Kraft, besonders im Osten.

Aber ach, der große grüne Drache der hellsten Sterne hat sich heutzutage fest zusammengerollt und liegt schweigend in einem langen Winterschlaf. Nur der rote Drache steckt manchmal seinen Kopf hervor, und auch die Millionen kleiner Vipern. Die Millionen kleiner Vipern beißen uns wie sie die murrenden Israeliten gebissen hatten, und wir möchten, daß irgendein Moses eine eherne Schlange aufrichtet. Die Schlange, die »aufgerichtet« wurde, so wie selbst Jesus später »aufgerichtet« wurde, um die Menschen zu erlösen.

Der rote Drache ist der *kakodaimon*, der Drache in seinem bösartigen oder feindseligen Aspekt. In den alten Überlieferungen ist Rot die Farbe der *menschlichen* Pracht, aber auch die Farbe des Bösen in den kosmischen Geschöpfen oder Gottheiten. Der rote Löwe ist die Sonne in ihrem bösartigen oder zerstörerischen Aspekt. Der rote Drache ist die große »Kraft« des Kosmos in seiner feindseligen und zerstörerischen Aktivität.

Der *agathodaimon* wird schließlich zum *kakodaimon*.[188] Der grüne Drache wird mit der Zeit zum roten Drachen. Was unsere Freude und unsere Rettung war, wird mit der Zeit, jetzt am Ende unseres Zeitalters, zu unserem Verderben und unserem Fluch. Was einst der Schöpfergott war, Uranus oder Kronos, wird am Ende des Zeitalters ein Zerstörer und Vernichter. Der Gott vom Anfang einer Ära ist das böse Prinzip am Ende dieser Ära, denn die Zeit bewegt sich immer noch in Zyklen. Was am Anfang des Zyklus der grüne Drache war, die gute Kraft, hat sich am Ende durch schrittweise Veränderung in den roten Drachen verwandelt, die böse Kraft. Die gute Kraft vom Anfang des christlichen Zeitalters ist jetzt am Ende die böse Kraft.

Das ist eine sehr alte Wahrheit, und sie wird immer gültig sein. Zeit bewegt sich immer noch in Zyklen, nicht in einer geraden Linie. Wir befinden uns am Ende des christlichen Zyklus. Und der Logos, der gute Drache vom Anfang des Zyklus ist der böse Drache von heute. Er wird keinem neuen Ding seine Kraft verleihen, nur alten und toten Dingen. Er ist der rote Drache und muß einmal mehr von Helden getötet werden, denn von den Engeln können wir nichts mehr erwarten.

Gemäß eines alten Mythos ist es die Frau, die voll und ganz in die Hände des Drachen fällt, und sie hat keine Macht, ihm zu entkommen, bis ein Mann sie befreit. Der neue Drache ist grün oder golden. Das Grün mit der alten Bedeutung von Lebendigkeit, das auch Mohammed wieder aufgenommen hat. Das Grün des grünlichen Morgenlichtes, das die Quintessenz allen neuen Lebens und lebensspendenden Lichtes ist. Die Morgendämmerung der gesamten Schöpfung ereignete sich in einem klaren grünlichen Schimmer. Das war der Widerschein der wahrhaftigen Präsenz des Schöpfers. Johannes von Patmos greift darauf zurück, wenn er die Iris oder den Regenbogen, der das Angesicht des Allmächtigen bedeckt, als smaragdgrün beschreibt.[189] Und dieser liebliche grüne Juwelenschimmer ist der Drache selbst, wenn er sich windend und ringelnd durch den Kosmos bewegt. Es ist die Macht des Kosmodynamos, die sich durch den Raum windet, die sich um die Wirbelsäule des Menschen windet und sich zwischen seinen Augenbrauen schlängelt, wie Uräus zwischen den Brauen des Pharaos. Sie verleiht dem Menschen Pracht, macht ihn zum König, zum Helden, zu einem tapferen Mann, der vom Glanze des Drachen strahlt, der golden ist, wenn er sich um einen Menschen windet.

So kam der Logos zu Beginn unseres Zeitalters, um den Menschen eine andere Art von Pracht zu verleihen. Und derselbe Logos ist heute die böse Schlange, ein Laokoon, der uns allen den Tod bringt.[190] Der Logos, der wie der frische grüne Atem des Frühlings gewesen war, ist nun der graue Biß von Myriaden tödlicher kleiner

Schlangen. Jetzt müssen wir den Logos *besiegen*, damit das neue schimmernde Drachengrün von den Sternen herabsteigen kann, um uns zu beleben und stark zu machen.

Niemand ist tiefer und bitterer in den Windungen des alten Logos verstrickt als die Frauen. Das ist immer so. Was ein Hauch der Inspiration war, wird am Ende eine starre und böse *Form, die uns* einzwängt wie eine Mumie. Und dann wird die Frau noch enger eingeschnürt als der Mann. Heutzutage ist der beste Teil der Frauen fest und eng in den Windungen des Logos eingewickelt. Sie sind körperlos, abstrakt, und von einer fürchterlich anzuschauenden Selbstbestimmung gejagt. Heutzutage ist die Frau ein seltsames »spirituelles« Geschöpf, immer weiter getrieben von dem bösen Dämon des alten Logos, nie wird ihr für einen Moment die Flucht gestattet und ihr erlaubt, sie selbst zu sein. Der böse Logos sagt ihr, sie müsse etwas »bedeutendes« sein, sie müsse aus ihrem Leben »etwas lohnendes« machen. So macht sie weiter und weiter, macht etwas sich lohnendes, und türmt die bösartigen Formen unserer Zivilisation höher und höher auf, und kann nicht für einen Moment entfliehen, um sich von den strahlenden, fließenden Windungen des neuen grünen Drachen einwickeln zu lassen. *All* unsere gegenwärtigen Lebensformen sind bösartig. Aber mit einer Beharrlichkeit, die engelsgleich wäre, wäre sie nicht teuflisch, besteht die Frau auf das *Beste* im Leben. Damit meint sie die *beste* unserer schlechten Lebensformen, ohne zu merken, daß die beste der schlechten Lebensformen die allerschlechteste ist.

So führt sie einen tragischen Kampf, gequält von all den kleinen grauen Schlangen der modernen Schande und des Schmerzes, für »das Beste«, was leider das schlimmste Beste ist. Alle Frauen haben heutzutage eine ganze Menge von Polizistinnen in sich. Andromeda wurde nackt an einen Felsen gekettet[191], und der Drache der alten Form fauchte sie an. Aber arme moderne Andromeda, sie ist mehr oder weniger gezwungen, die Straßen in Polizeiuniformen entlang zu patroullieren, mit einer Art Banner und einer Art Keule – oder nennt man es Polizeiknüppel? – in Bereitschaft. Wer wird sie davon erlösen? Laß sie sich so leger kleiden wie sie mag, oder ganz in weiß und jungfräulich, darunter wird man doch stets die steifen Uniformfalten der modernen Polizistin erkennen, die ihr bestes gibt, ihr bestmöglichstes.

O Gott, Andromeda besaß zumindest noch ihre Nacktheit, und sie war schön, und Perseus wollte für sie kämpfen. Aber unsere modernen Polizistinnen besitzen keine Nacktheit, sie haben ihre Uniformen. Und wer möchte schon einer Polizeiuniform zuliebe den Drachen der alten Form bekämpfen, den giftigen alten Logos?

O Frau, du hast so viele bittere Erfahrungen gemacht. Aber nie, nie zuvor bist du von dem alten Drachen dazu verdammt worden, eine Polizistin zu sein.

O entzückender Drache des neuen Tages, des noch nicht angebrochenen Tages, komm, berühre uns und erlöse uns aus den grauenvollen Klauen des übelriechenden alten Logos! Komm in aller Stille und sage nichts. Berühre uns, mit der sanften frischen Berührung einer Frühlingsbrise, und schäle diese schrecklichen Uniform-Hüllen von unseren Frauen, laß die Knospen des Lebens nackt hervorbrechen!

In den Tagen der Apokalypse war der alte Drache rot. Heute ist er grau. Er war rot, denn er stand für den alten Weg, die alte Form von Macht, Königtum, Reichtum, Gepränge und Gier. Zur Zeit Neros war diese alte Form des Gepränges und der sinnlichen Begierde wahrhaftig schlecht geworden – ein verfaulter Drache. Und dieser verfaulte Drache, der rote, mußte dem weißen Drachen des Logos weichen – Europa hat den grünen Drachen nie gekannt. Als unser Zeitalter begann, fing es mit der Verherrlichung des Weiß an: der weiße Drache. Es endet mit derselben sterilen Verehrung von Weiß, aber der weiße Drache ist nun ein großer weißer Wurm, grau und schmutzig. Unsere Farbe ist schmutzig-weiß oder grau.

Aber genauso, wie unser Logos strahlend weiß begann – Johannes von Patmos besteht darauf, bei den weißen Gewändern der Heiligen – und in einer schmutzigen Farblosigkeit endet, so begann der alte rote Drache in einem wunderbaren Rot. Der älteste der alten Drachen war von wunderbarem Rot, golden und blutrot glühend. Er war licht, licht, licht, wie das strahlendste Zinnober. Dieses lebhafte Rot-Gold war die erste Farbe des ersten Drachen, weit, weit zurück unter der Morgendämmerung der Geschichte. Die weitentferntesten Menschen schauten in den Himmel und sahen Gold und Rot, nicht Grün und strahlend Weiß. Gold und Rot, und der Wiederschein des Drachen auf den Gesichtern der Menschen war in der weit weit entfernten Vergangenheit von einem strahlenden, glühenden Zinnober. Ah, die Helden und Heldenkönige hatten rot-glühende Gesichter, wie sonnenbeschienener Mohn. Es war die Farbe des Ruhms. Es war die Farbe des wilden roten Blutes, das das Leben selbst war. Das rote, helle, rasende Blut war das höchste Mysterium. Das langsame, purpurne, schwere, dunkle Blut war das königliche Mysterium.

Die alten Könige Roms, des alten Roms, die wirklich tausend Jahre hinter der Kultur des östlichen Mittelmeeres zurück waren, malten ihre Gesichter zinnoberrot an, um ihr Gottkönigtum zu bezeugen. Und die roten Indianer in Nordamerika taten dasselbe. Sie waren keine »Rothäute« von Natur, sondern durch diese zinnoberrote Farbe[192], die sie »Medizin« nannten. Aber die roten Indianer gehörten fast noch der neolithischen Kulturstufe an, auch in der Religion. Ah, die dunklen Zeitalter in den Pueblos von New Mexico, wenn die Männer mit scharlachfunkelnden Gesichtern heraustraten! Götter! Sie sahen aus wie Götter! Das ist der rote Drache, der schöne rote Drache.

Aber er wurde alt, und seine Lebensformen erstarrten. Selbst in den Pueblos von New Mexico, wo die alten Lebensformen die Lebensformen des großen roten Drachen sind, selbst dort sind die Lebensformen wirklich schlecht, und die Menschen dort haben eine Leidenschaft für die blaue Farbe entwickelt, das Blau des Türkises, um dem Rot zu entkommen. Türkis und Silber, das sind die Farben ihrer Sehnsucht. Denn das Gold gehört dem roten Drachen. Weit durch die Zeitalter hindurch war Gold das eigentliche Element des Drachen. Sein weiches, schimmerndes Material gereichte der Herrlichkeit des Drachen zur Zierde, und die Menschen trugen geschmiedetes Gold zum Zeichen des Ruhmes, so wie die ägäischen und etruskischen Krieger in ihren Gräbern. Und erst als der rote Drache zum *kakodaimon* wurde, und die Menschen sich nach dem grünen Drachen und Silberarmbändern zu sehnen begannen, verlor das Gold seine Herrlichkeit und wurde zu Geld. »Wie macht man Gold zu Geld?« fragen dich die Amerikaner. Und da hast du es. Der Tod des großen goldenen Drachen, die Ankunft des grünen und des silbernen Drachen. Wie die Perser und die Babylonier Türkis liebten! Die Chaldäer liebten Lapislazuli, vor langer Zeit schon wandten sie sich von dem roten Drachen ab! Der Drache des Nebukadnezar[193] ist blau, ein schuppiges blaues Einhorn, das stolz einhertänzelt. Das ist schon sehr verfeinert. Der Drache der Apokalypse gleicht viel mehr einer alter Bestie, aber da ist er schon der *kakodaimon*.

Rot blieb jedoch weiterhin die königliche Farbe: Zinnober und Purpur[194], was nicht Veilchenblau sondern Karmesinrot ist, die wahre Farbe des lebendigen Blutes, sie waren den Königen und Kaisern vorbehalten. Sie wurden die eigentlichen Farben des bösen Drachen. Das sind die Farben, in denen der Apokalyptiker die große Hure kleidet, die er Babylon nennt. Die Farbe des Lebens selbst wird die Farbe des Greuels.

Und heutzutage, in den Zeiten des schmutzig-weißen Drachen des Logos und des stählernen Zeitalters, haben die Sozialisten die älteste der Lebensfarben aufgegriffen und die ganze Welt zittert bei der Vorstellung von Rot. Für die Mehrheit ist Rot heutzutage die Farbe der Zerstörung. »Bei Rot Gefahr«, wie die Kinder sagen. Und so schließt sich der Kreis: die roten und goldenen Drachen der Goldenen und Silbernen Zeitalter, der grüne Drache des Bronzenen Zeitalters, der weiße Drache des Eisernen Zeitalters, und der schmutzig-weiße oder graue Drache des Stählernen Zeitalters.[195] Und dann wieder eine Rückkehr zum ersten strahlend roten Drachen.

Jede heroische Epoche wendet sich instinktiv dem roten Drachen zu, oder dem goldenen. Jede unheroische Epoche wendet sich instinktiv ab. Wie die Apokalypse, wo Rot und Purpur mit einem Fluch belegt sind.

Der große rote Drache der Apokalypse hat sieben Köpfe, jeder davon ist gekrönt. Das bedeutet, daß seine Macht von königlichem oder höchstem Ursprung ist. Die sieben Köpfe bedeuten, daß er sieben Leben hat, so viele Leben wie der Mensch Naturen hat oder der Kosmos Kräfte. Alle sieben Köpfe müssen abgeschlagen werden, das heißt, der Mensch hat eine weitere große Reihe von Eroberungen zu machen, dieses Mal über den Drachen. Der Kampf geht weiter.

Der Drache in seinem kosmischen Aspekt zerstört den dritten Teil des Kosmos, bevor er vom Himmel auf die Erde hinuntergeworfen wird. Mit seinem Schwanz fegt er den dritten Teil der Sterne hinweg. Die Frau gebiert einen Sohn, der »alle Völker mit eisernem Stab weiden« soll.[196] Wenn das eine Prophezeiung der Herrschaft des Messias oder Jesu sein sollte, dann hat sie sich leider bewahrheitet! Denn die Menschen werden heute alle mit eisernem Stab regiert. Das Kind wurde zu Gott entrückt. Fast wünschten wir, der Drache hätte es erwischt. Und die Frau flieht in die Wüste. Das bedeutet, daß die große kosmische Mutter keinen Platz mehr im Kosmos der Menschen hat. Sie muß sich in der Wüste verstecken, denn sterben kann sie nicht. – Und dort ist sie immer noch verborgen, während der quälend langen Zeit von drei und einem halben Jahr, die offenbar noch immer andauert.

Jetzt beginnt die zweite Hälfte der Apokalypse. Wir betreten das eher langweilige Feld danielesker Prophezeiungen, die die

Kirche Christi und den Fall verschiedener irdischer Königreiche betreffen. Uns vermag der prophezeite Zusammenbruch Roms und des Römischen Imperiums nicht sonderlich zu interessieren.

XVII

Aber bevor wir diese zweite Hälfte betrachten, werfen wir einen Blick auf die vorherrschenden Symbole, besonders die Zahlensymbole. Das gesamte Schema basiert dermaßen auf den Zahlen Sieben, Vier und Drei,[197] daß es sich lohnt herauszufinden, was diese Zahlen im alten Denken bedeutet haben.

Drei war die heilige Zahl. Sie ist es immer noch, denn es ist die Zahl der Trinität, die Zahl der Natur Gottes.[198] Es sind wohl die Wissenschaftler oder die ersten Philosophen, von denen wir die erhellendsten Hinweise auf die alten Vorstellungen bekommen. Die frühen Wissenschaftler nahmen die bestehenden religiösen symbolischen Ideen und verwandelten sie in richtige »Ideen«. Wir wissen, daß die Alten die Zahlen als etwas konkretes sahen, in Punkten oder in Reihen von Kieselsteinen. Die Zahl Drei waren drei Kieselsteine[199]. Und die Zahl Drei wurde von den Pythagoreern in ihrer primitiven Arithmetik als perfekte Zahl angesehen, denn man konnte sie nicht glatt teilen. Das trifft auf drei Kieselsteine absolut zu. Man kann die Integrität der drei nicht zerstören. Wenn man an jeder Seite einen Stein wegnimmt, bleibt der mittlere Stein doch in perfekter Balance zwischen den beiden. So wie der Körper eines Vogels zwischen den beiden Flügeln. Und noch bis ins dritte Jahrhundert hinein wurde das als perfekter oder göttlicher Seinszustand betrachtet.

Weiterhin wissen wir, daß Anaximander im fünften Jahrhundert das Unbegrenzte[200], die unendliche Substanz, dergestalt begriff, daß es in der ursprünglichen Schöpfung je eines seiner zwei »Elemente«, das Heiße und das Kalte, das Trockene und das Feuchte, oder das Feuer und das Dunkel – das große »Paar« – auf jeder Seite hatte. Diese drei waren der Anfang aller Dinge. Diese Ansicht liegt der sehr alten Dreiteilung des *lebendigen* Kosmos zugrunde, bevor sich die Idee Gottes herausbildete.

Als Parenthese sei gesagt, das die alte Welt absolut religiös und gottlos war. Als die Menschen noch in engem körperlichen Einklang lebten, wie ein fliegender Vogelschwarm, in enger körperlicher Einheit, ein alter tribaler Gleichklang, aus dem das Individuum kaum hervorstach, da lebte der Stamm Brust an Brust mit dem Kosmos, in nacktem Kontakt mit dem Kosmos, der gesamte Kosmos lebte und stand in Verbindung mit dem Leib der Menschen, es gab keinen Platz für ein Dazwischendrängen einer Gottesidee. Erst als sich das Individuum als etwas abgesondertes zu verstehen begann, als es eine Eigenwahrnehmung bekam und sich daher abtrennte, also erst, mythologisch gesprochen, als der Mensch vom Baum der Erkenntnis statt vom Baum des Lebens aß, und sich selbst als *abgetrennt* und separat erkannte, entstand die Konzeption eines Gottes, der zwischen Mensch und Kosmos trat. Die allerältesten Ideen des Menschen sind *rein* religiös, und dabei gibt es keine Vorstellungen von irgendeiner Art von Gott oder Göttern. Gott und Götter treten auf, wenn die Menschen in den Zustand der Abgetrenntheit und Einsamkeit »gefallen« sind. Die ältesten Philosophen, Anaximander mit seinem göttlichen Unbegrenzten und den göttlichen zwei Elementen, und Anaximenes mit seiner göttlichen »Luft«[201], gehen zum großen Konzept des nackten Kosmos zurück, bevor ein Gott existierte. Zur gleichen Zeit wissen sie alles über die Götter des sechsten Jahrhunderts, aber sie sind nicht eigentlich an ihnen interessiert. Selbst die ersten Pythagoreer, die im herkömmlichen Sinne religiös waren, besaßen in ihren Konzeptionen der zwei Urformen, Feuer und Nacht oder Feuer und Dunkelheit – die Dunkelheit wurde als eine Art dicker Luft oder Dampf begriffen – eine tiefere Religiosität. Diese beiden waren die Begrenzung und das Unbegrenzte. Das Unbegrenzte, die Nacht, findet seine Begrenzung im Feuer. Diese beiden Urformen, die in gegensätzlicher Spannung stehen, beweisen ihr

Einssein gerade in ihrem *Gegensatz*. Heraklit sagt, daß alle Dinge ein Austausch für Feuer sind, und daß die Sonne jeden Tag neu ist.[202] »Die Grenze von Morgen und Abend ist der Bär, und gegenüber des Bären ist die Grenze des hellen Zeus.« Der helle Zeus ist hier vermutlich der helle blaue Himmel, also ist seine Grenze der Horizont, und Heraklit meint wahrscheinlich, daß gegenüber des Bären, weit, weit unten bei den Antipoden, immer Nacht ist, und die Nacht lebt den Tod des Tages, so wie der Tag den Tod der Nacht lebt.

Das ist der Zustand des Denkes der großen Männer im fünften und vierten Jahrhundert vor Christi. Seltsam faszinierend und eine Offenbarung des alten symbolischen Geistes. Die Religion war schon moralisch oder ekstatisch geworden, die langweilige orphische Idee von »dem Rad der Geburt entkommen« hatte damit begonnen, die Menschen dem Leben zu entfremden.[203] Aber die frühe Wissenschaft ist ein Quell der reinsten und ältesten Religion. Der Geist der Menschen in Ionien griff auf das älteste religiöse Konzept des Kosmos zurück, um von da aus den wissenschaftlichen Kosmos zu entwerfen. Und was die ältesten Philosophen mißbilligten, war die neue Art der Religion, mit ihren Ekstasen und Fluchten und ihrer rein *persönlicher* Natur: das ist der Verlust des Kosmos.

So griffen die ersten Philosophen den heiligen dreiteiligen Kosmos der Vorfahren wieder auf. Er findet seine Entsprechung in der Genesis, in der Schöpfung Gottes, die in Himmel, Erde und Wasser geschieden ist. Die ersten drei *geschaffenen* Elemente, die einen Schöpfergott voraussetzen. Die alte Dreiteilung des lebendigen Himmels der Chaldäer fand statt, als die Himmel selbst göttlich waren, und nicht nur von Gott bewohnt. Bevor die Menschen ein Bedürfnis nach Gott oder Göttern verspürt hatten, als die weiten Himmel selbst lebendig waren und mit den Menschen Brust an Brust lebten, staunten die Chaldäer in religiöser Verzückung hinauf. Durch eine seltsame Intuition teilten

sie die Himmel dann in drei Sektionen. Da *erkannten* sie die
Sterne tatsächlich, so wie die Sterne seitdem nie wieder erkannt
wurden.

Später, als dann ein Gott oder Schöpfer oder Herrscher des
Himmels erfunden oder entdeckt wurde, wurden die Himmel in
vier Sektionen aufgeteilt, die alten vier Himmelsrichtungen, die
so lange überlebt haben. Mit der Einführung eines Gottes oder
Demiurgen verkam das alte Sternenwissen und die wahre Verehrung bei den Babyloniern schrittweise zu Magie und Astrologie. Das ganze System wurde »organisiert«. Doch das alte
chaldäische Wissen vom Kosmos bestand weiter, und die Ionier
müssen es wieder aufgegriffen haben.

Selbst während der Jahrhunderte der vier Himmelsrichtungen
besaßen die Himmel stets drei oberste Herrscher: die Sonne, den
Mond und den Morgenstern.[204] Doch die Bibel sagt Sonne,
Mond und Sterne.

Der Morgenstern war schon immer ein Gott, seit der Zeit, als
Götter entstanden. Aber als der Kult von sterbenden und wiedergeborenen Göttern sich in der gesamten alten Welt verbreitete, ungefähr um 600 v. Chr., wurde er zum Symbol des
neuen Gottes, denn er herrscht im Zwielicht zwischen Tag und
Nacht. Aus dem selben Grund gilt er als Herr von beiden,
strahlend steht er mit einem Fuß auf der Flut der Nacht und mit
einem Fuß auf der Welt des Tages. Einen Fuß auf der See und
einen auf der Küste. Wir wissen, daß die Nacht eine Art von
Dampf oder Flut war.[205]

XVIII

D rei ist die Zahl der göttlichen Dinge und vier ist die Zahl der Schöpfung. Die Welt ist in vier Himmelsrichtungen eingeteilt, die von vier großen Geschöpfen beherrscht werden, den vier geflügelten Gestalten, die den Thron des Allmächtigen umgeben. Diese vier großen Geschöpfe ergeben zusammen den mächtigen Raum, sowohl das Dunkel als auch das Licht. Ihre Flügel sind das Beben, das sich durch diesen Raum zieht, das ihn die ganze Zeit erzittern läßt mit dem donnernden Preis des Schöpfers. Denn diese Schöpfung preist ihren Schöpfer, so wie Schöpfungen ihren Schöpfer ewiglich preisen sollen. Daß ihre Flügel vorne und hinten voller Augen sind, bedeutet nur, daß es die Sterne der erbebenden Himmel sind, die ewig wandeln, wandern und pulsieren. Bei Hesekiel erkennen wir, so verstümmelt und durcheinander der Text auch ist, die vier großen Geschöpfe inmitten der rotierenden Himmelsräder[206] – ein Konzept, daß dem siebten, sechsten und fünften Jahrhundert angehört. Auf ihren Flügelspitzen tragen sie die kristallene Kuppel der obersten Sphäre des Himmelsthrons.

In ihrem Ursprung sind die Geschöpfe wahrscheinlich älter als Gott selbst. Sie waren ein sehr erhabenes Konzept, und die Erinnerung an sie lebt in den meisten der großen geflügelten Geschöpfe des Ostens weiter. Sie gehören dem letzten Zeitalter des lebendigen Kosmos an, des Kosmos, der kein erschaffener war. Er enthielt noch keinen Gott, denn er selbst war durch und durch göttlich und ursprünglich. Hinter allen Schöpfungsmythen steckt die erhabene Idee vom Kosmos, der *immer war*, der anfangslos ist, weil er immer da war und immer da sein wird. Er brauchte keinen Gott, der ihn erschuf, weil er selbst ganz und gar Gott und göttlich war, der Ursprung aller Dinge.

Zuerst teilte der Mensch diesen lebendigen Kosmos in drei Teile. Dann, an einem großen Wendepunkt, wir wissen nicht wann, teilte er ihn stattdessen in vier Himmelsrichtungen, und diese vier Viertel verlangten nach einem Ganzen, nach einem Konzept des Ganzen, und dann nach einem Schöpfer. So wurden die vier großen elementaren Geschöpfe zweitrangig, sie umkreisten die oberste zentrale Einheit und ihre Flügel bedeckten den gesamten Raum. Noch später wurden sie von gewaltigen und lebendigen Elementen in Tiere oder Gestalten oder Cherubim[207] verwandelt – ein Prozeß der Degradierung – und ihnen wurden die elementaren oder kosmischen Naturen von Mensch, Löwe, Stier und Adler verliehen. Bei Hesekiel ist jedes der Geschöpfe alle vier in einem und schaut in jede Richtung mit einem anderen Gesicht. Aber in der Apokalypse hat jede Gestalt ein eigenes Gesicht. Und mit dem weiteren Schwinden der kosmischen Idee werden die vier Naturen der vier kosmischen Geschöpfe erst dem großen Cherubim zugeschrieben, dann den personifizierten Erzengeln Michael, Gabriel etc., und schließlich den vier Evangelisten, Matthäus, Markus, Lukas und Johannes. »Vier der Evangelien Naturen.«[208] Das ganze ist ein Prozeß der Degradierung oder Personifizierung eines großen alten Konzeptes.

Parallel zu der Aufteilung des Kosmos in vier Richtungen, vier Teile und vier dynamischen »Naturen«, läuft die andere Aufteilung in vier Elemente. Es scheint, als hätte es zuerst nur drei Elemente gegeben: Himmel, Erde und Meer, oder das Wasser. Der Himmel war vorwiegend Licht und Feuer. Die Entdeckung der Luft folgte später. Aber mit den Elementen Feuer, Erde und Wasser war der Kosmos komplett. Die Luft wurde als eine Art Dampf aufgefaßt, die Dunkelheit ebenso.

Die frühesten Wissenschaftler (Philosophen) schienen ein oder höchstens zwei Elemente für den Kosmos verantwortlich machen zu wollen. Anaximenes sagte, alles wäre Wasser.[209] Xenophanes sagte, alles sei Erde und Wasser. Wasser gibt feuchte Ausdünstungen ab, und diese feuchten Ausdünstungen enthalten verborgene Funken. Die Ausdünstungen steigen wie Wolken hoch hinauf, sie steigen weit, weit hinauf und kondensieren *zu ihren Funken* statt zu Wasser. So erzeugen sie die Sterne. So haben sie selbst die Sonne erzeugt. Die Sonne war demnach eine große »Wolke« angesammelter Funken aus den feuchten Ausdünstungen der wässrigen Erde. So begann die Wissenschaft. Weitaus phantastischer als Mythen, aber unter Anwendung von vernünftigen Denkprozessen.

Und dann kam Heraklit mit seinem *Alles ist Feuer*, oder besser: alles ist ein Austausch für Feuer. Und mit seinem Beharren auf den Kampf als schöpferisches *Prinzip*, das die Dinge getrennt hält und so ihre unversehrte Einheit gewährt und überhaupt erst ihre Existenz ermöglicht. Feuer hingegen ist ein Element.

Danach wurden die vier Elemente beinahe unvermeidlich. Mit Empedokles[210] etablierten sich im fünften Jahrhundert die vier Elemente Feuer, Erde, Luft und Wasser für immer in der Vorstellung der Menschen. Die vier *lebendigen* oder kosmischen Elemente. Die radikalen Elemente: Empedokles hat sie die *Vier Wurzeln* genannt, die vier kosmischen Wurzeln jeglicher Existenz. Und sie wurden von den beiden Prinzipien kontrolliert, Liebe und Kampf. – »Feuer und Wasser und Erde und die Höhen der Luft; und dazwischen trennend der Kampf, und einend in ihrer Mitte die Liebe.« Und weiter nennt Empedokles die vier »strahlender Zeus, lebensspendende Hera, Aidoneus und Nestis«. So sehen wir die Vier auch als Götter, die Großen Vier der Zeitalter. Wenn wir die vier Elemente betrachten, dann sollten wir bedenken, daß sie jetzt und immer die vier Elemente unserer Erfahrung sind. Alles, was die Wissenschaft über das Feuer gelehrt hat, verändert das Feuer kein bißchen. Der Vorgang der Verbrennung ist kein Feuer, er ist ein Gedankenmodell. H_2O ist kein Wasser, sondern ein Gedankenmodell, das von Experimenten mit Wassern abgeleitet wurde.[211] Gedankenmodelle sind Gedankenmodelle, sie bestimmen nicht unser Leben. Unser Leben wird noch immer von den Elementen Feuer und Wasser, Erde und Luft bestimmt. Denn in ihnen leben, weben und sind wir.[212]

Von diesen vier Elementen kommen wir zu den vier Naturen des Menschen selbst,[213] die auf dem Konzept von Blut, Galle, Lymphe und Phlegma und ihren Eigenschaften basieren. Der Mensch ist immer noch ein Geschöpf, das mit seinem Blut denkt: »Das Herz, das in einem See von Blut eingebettet ist, das in unterschiedliche Richtungen fließt, dort sitzt hauptsächlich das, was die Menschen das Denken nennen; denn das Blut um das Herz herum ist das Denken des Menschen.«[214] Und vielleicht ist das wahr. Vielleicht findet alles grundlegende Denken im Blut um das Herz herum statt, und wird nur zum Gehirn übertragen. Dann gibt es noch die Vier Zeitalter, die auf den vier Metallen Gold, Silber, Bronze und Eisen basieren. Bereits im sechsten Jahrhundert setzte das Eiserne Zeitalter ein, und schon damals beklagten die Menschen es. Das Goldene Zeitalter, bevor die Frucht der Erkenntnis gegessen wurde, liegt weit zurück.

Die ersten Wissenschaftler stehen außerdem den alten Symbolisten sehr nahe. Und so können wir in der Apokalypse erkennen, daß der Heilige Johannes, wenn er sich auf den alten ursprünglichen oder göttlichen Kosmos bezieht, von dem dritten Teil von diesem oder jenem spricht. So, als der Drache, der dem alten göttlichen Kosmos angehört, mit seinem Schwanz den dritten Teil der Sterne auslöscht. Oder als die göttlichen Posaunen den dritten Teil aller Dinge zerstören. Oder die Reiter aus dem Abyss, die göttliche Dämonen sind: sie vernichten den dritten Teil der Menschheit. Aber wenn die Zerstörung durch eine nicht göttliche Kraft ausgeführt wird, wird für gewöhnlich nur der vierte Teil zerstört.[215] Wie dem auch sei, in der Apokalypse gibt es viel zu viel Zerstörung. Das macht keinen Spaß mehr.

XIX

Die Zahlen Vier und Drei ergeben zusammen die heilige Zahl Sieben: der Kosmos mit seinem Gott. Die Pythagoreer nannten sie »die Zahl der rechten Zeit«.[216] Mensch und Kosmos haben gleichermaßen vier erschaffene Naturen und drei göttliche Naturen. Der Mensch hat seine vier irdischen Naturen, und dazu Seele, Geist und ewiges Ich. Das Universum hat die vier Himmelsrichtungen und die vier Elemente, und dazu die drei göttlichen Gegenden des Himmels, den Hades und seine Einheit. Und die drei göttlichen Bewegungen von Liebe, Kampf und Einheit. Der älteste Kosmos hatte weder Himmel noch Hades. Daher ist es wahrscheinlich, daß die Sieben im ältesten Bewußtsein der Menschen noch keine heilige Zahl war.

Sie war aber trotzdem schon immer, von Anfang an, eine halb-heilige Zahl, weil sie die Zahl der sieben alten Planeten ist. Diese bestanden aus Sonne, Mond und den fünf großen »wandelnden« Sternen Jupiter, Venus, Merkur, Mars und Saturn. Die wandelnden Planeten waren stets ein großes Geheimnis für den Menschen, besonders in den Tagen, als er noch Brust an Brust mit dem Kosmos lebte und die sich bewegenden Himmel mit der Gründlichkeit und einer leidenschaftlichen Aufmerksamkeit beobachtete, die so ganz anders ist, als jede Art der heutigen Beobachtung.

Die Chaldäer hatten sich stets etwas von der elementaren Unmittelbarkeit des Kosmos erhalten, selbst zu Ende der babylonischen Zeit. Später hatten sie ihre ganze Mythologie von Marduk[217] und dem Rest, und die gesamte Trickkiste ihrer Astrologen und Magier. Aber das seriöse Sternen-Wissen scheint nie vollständig verdrängt worden zu sein, auch der Kontakt von Brust zu Brust der Sternengucker mit den nächtlichen Himmeln scheint nie ganz abgebrochen zu sein. Die Magier haben offenbar durch die Zeiten hindurch weitergemacht, nur mit den Mysterien der Himmel beschäftigt, ohne irgendeinen Gott oder Götter, die mit hineingezogen wurden. Daß das Himmels-Wissen später zu den langweilen Formen von Wahrsagerei und Magie degenerierte, ist bloß ein Teil der Menschheitsgeschichte – alles Menschliche verfällt, von der Religion an abwärts, und muß erneuert und wiederbelebt werden.

Es war dieses Erhalten des Sternenwissens, nackt und ohne Götter, das später den Weg für die Astronomie bereitete. Genauso wie im östlichen Mittelmeerraum ein Großteil des überlieferten kosmischen Wissens über Wasser und Feuer fortgelebt haben muß und so den Weg für die ionischen Philosophen und die moderne Wissenschaft bereitet hat.

Die große Kontrolle des irdischen Lebens durch die lebendigen und verflochtenen Himmel war eine Idee, die vor dem christlichen Zeitalter das Denken der Menschen in einem weit festeren Griff hatte, als wir es uns vorstellen können. Trotz all der Götter und Göttinnen, der Jehovas und der sterbenden und erlösenden Heilande vieler Völker, blieb unterschwellig die alte kosmische Vision erhalten, und die Menschen glaubten vielleicht viel stärker an die Herrschaft der Sterne als an die der Götter. Das menschliche Bewußtsein hat viele Schichten, und die untersten Schichten sind weiterhin unkultiviert und aktiv, vor allem bei den gewöhnlichen Leuten, noch Jahrhunderte nachdem das kultivierte Bewußtsein der Völker sich auf höhere Ebenen begeben hat. Und das menschliche Bewußtsein tendiert stets dazu, auf die ursprünglichen Ebenen zurückzufallen. Es gibt jedoch zwei Arten des Rückfalls, einmal durch Degeneration oder Dekadenz, und zum anderen durch die bewußte Umkehr, um für einen Neuanfang zurück zu den Wurzeln zu gelangen.

Zur Römerzeit machte das menschliche Bewußtsein einen großen Rutsch zurück zu den ältesten Schichten, es war jedoch eine Form von Dekadenz und eine Rückkehr zum Aberglauben. In den ersten beiden Jahrhunderten nach Christi kehrte die Herrschaft der Himmel über den Menschen zurück wie nie zuvor, mit einer Kraft des Aberglaubens, der stärker war als jeder religiöse Kult. Horoskope wurden zur Manie. Schicksal, Glück, Verhängnis, Charakter – alles hing von den Sternen ab, das hieß, von den sieben Planeten. Die sieben Planeten waren die sieben Herrscher der Himmel und sie bestimmten unwideruflich und unausweichlich das Schicksal der Menschen. Ihre Herrschaft wurde zuletzt zu einer Art Wahn, und sowohl Christen als auch Neuplatoniker wandten sich dagegen.

Nun ist dieses Element des Aberglaubens, an der Grenze zu Magie und Okkultismus, sehr stark in der Apokalypse vertreten. Die Offenbarung des Johannes ist, wir müssen das zugestehen, ein Buch, das Wunder beschwört. Es ist voller Hinweise auf okkulte Praktiken, und es wurde auch durch die Zeiten hindurch für okkulte Zwecke gebraucht, vor allem zum Wahrsagen und Prophezeien. Es bietet sich dafür an. Ja, das Buch ist sogar, besonders die zweite Hälfte, in einem Geiste düsterer Prophetie geschrieben, ähnlich den magischen Sprüchen der Okkultisten zu dieser Zeit. Es spiegelt den Geist der Zeit wider. So wie *Der Goldene Esel* [218] weniger als hundert Jahre später den Geist der Zeit, nicht sehr viel anders, widerspiegelt.

So hörte die Zahl Sieben beinahe auf, eine »göttliche« Zahl zu sein, und wurde die magische Zahl der Apokalypse. Je weiter das Buch fortschreitet, desto mehr verliert sich das alte göttliche Element, und der »moderne« Anstrich von Magie, Vorhersage und okkulter Praktiken des ersten Jahrhunderts tritt an seine Stelle. Sieben ist jetzt eher die Zahl der Weissagung und der Beschwörung, als die der tatsächlichen Visionen.

So das berühmte »eine Zeit und zwei Zeiten und eine halbe Zeit« [219] – was drei und ein halbes Jahr bedeutet. Es stammt von Daniel [220], der bereits mit diesem semi-okkultem Spiel begonnen hatte, den Niedergang von Imperien zu prophezeien. Es soll für die Hälfte einer heiligen Woche stehen – das ist alles, was den Prinzen des Bösen je zugestanden wird, denen nie die Dauer einer vollen Woche von sieben »Tagen« gewährt wird. Aber bei Johannes von Patmos ist es eine magische Ziffer.

In der alten Zeit, als der Mond eine große himmlische Macht gewesen ist, der den menschlichen Körper beherrschte und die Bewegung des Fleisches beeinflußte, war die Sieben eines der Viertel des Mondes. Der Mond beeinflußt noch immer den Fluß des Fleisches, und noch immer haben wir die Siebentagewoche. Die Griechen der Ägäis hatten eine Neuntagewoche. Das ist vorbei.

Doch die Zahl Sieben ist nicht länger göttlich. Vielleicht ist sie bis zu einem gewissen Grade noch magisch.

XX

Die Zahl Zehn ist die natürliche Zahl einer Serie. »Von Natur aus zählen die Hellenen bis Zehn und fangen dann wieder neu an.« Natürlich ist es die Zahl der Finger beider Hände. Diese Wiederholung der Fünf, die sich überall in der Natur beobachten läßt, ist eines der Dinge, die die Pythagoreer zu der Vermutung führten, daß »alle Dinge Zahl seien«. In der Apokalypse ist zehn die »natürliche« oder komplette Zahl einer Serie. Die Pythagoreer, die mit Kieselsteinen experimentierten, fanden heraus, daß man zehn Kieselsteine in einem Dreieck von 4 + 3 + 2 + 1 auslegen konnte.[221] Und das beflügelte ihre Phantasie. Aber die zehn Köpfe oder gekrönten Hörner der beiden Tiere des Johannes repräsentieren wahrscheinlich bloß eine komplette Serie von Kaisern oder Königen. Hörner sind ein übliches Symbol für Reiche oder ihre Herrscher. Das alte Symbol des Horns ist natürlich das Symbol der Macht[222], ursprünglich der göttlichen Macht, die von dem lebendigem Kosmos zu dem Menschen kam, von dem strahlenden grünen Drachen des Lebens, aber besonders von dem lebendigen Drachen im Körper, der eingerollt am Ende der Wirbelsäule liegt und sich manchmal entlang des Rückgrats ausstreckt, bis er die Augenbrauen vor Herrlichkeit zum erglühen bringt; die goldenen Hörner der Macht, die auf Moses Stirn sprossen,[223] oder die goldene Schlange, Uräus, die sich zwischen den Brauen der königlichen Pharaonen von Ägypten schlängelt, und die der Drache des Individuums ist. Aber für die Allgemeinheit war das Horn der Macht der Ithyphallos[224], der Phallus, das Füllhorn.

XXI

ie letzte Zahl, die Zwölf, ist die Zahl des beständigen oder unwandelbaren Kosmos, im Kontrast zu der Sieben der wandelnden Planeten, die den physischen (im alten griechischen Sinne) Kosmos darstellen, stets in Bewegung, die von der restlichen Bewegung getrennt ist. Zwölf ist die Zahl der Zeichen des Zodiaks, und die der Monate eines Jahres. Sie ist drei mal vier, oder vier mal drei: eine vollständige Entsprechung. Das ist das gesamte Himmelsrund, und der gesamte Kreis der Menschheit. Denn gemäß des alten Schemas hat der Mensch sieben Naturen, nämlich 6 + 1, die letzte ist die Natur seiner Einheit.[225] Aber er hat noch eine andere, recht neue Natur, zusätzlich zur alten, denn wir erkennen, daß er aus dem alten Adam besteht, *plus* dem neuen. Also ist seine Ziffer jetzt Zwölf, 6 + 6 für seine Naturen, und eine für seine Einheit. Aber diese Einheit liegt jetzt in Christi, sie symbolisiert sich nicht länger zwischen seinen Brauen. Und jetzt, da seine Zahl Zwölf ist, ist der Mensch perfekt abgerundet und fertig erschaffen, beständig und unwandelbar. Unwandelbar, denn er ist jetzt perfekt und es besteht für ihn kein Anlaß, sich zu ändern. Seine Einheit, die seine dreizehnte Zahl ist (im Aberglaube Unglück bedeutend) liegt mit Christus im Himmel. Das war die Ansicht der »Erretteten«, wie sie sich selbst sahen. Und so lautet die orthodoxe Meinung noch immer. Die, die in Christi errettet sind, sind perfekt und unwandelbar, sie brauchen sich nicht zu ändern. Sie sind perfekt individualisiert.

XXII

Wenn wir uns der zweiten Hälfte der Apokalypse zuwenden, nachdem das neugeborene Kind vom Himmel geraubt wurde und die Frau in die Wüste geflohen war, dann bemerken wir einen plötzlichen Wechsel. Wir spüren, daß wir jetzt eine rein jüdische und jüdisch-christliche Apokalypse lesen, ohne den alten Hintergrund.

»Und es entbrannte ein Krieg im Himmel; Michael und seine Engel nahmen den Kampf gegen den Drachen auf.«[226] – Sie werfen den Drachen vom Himmel auf die Erde hinab. Dort wird er zu Satan und hört auf, irgendwie interessant zu sein. Wenn die großartigen Gestalten der Mythologie in rationalisierte oder bloße moralische Kräfte verwandelt werden, dann werden sie uninteressant. Moralische Engel und moralische Teufel langweilen uns tödlich. Eine »rationalisierte« Aphrodite[227] ödet uns an. Bald nach 1000 v. Chr. machte die Welt sich verrückt wegen Moral und »Sünde«. Die Juden waren schon immer anfällig dafür.

Wonach wir in der Apokalypse gesucht haben, war etwas älteres, erhabeneres als diese ethischen Sachen. Die alte, lodernde Liebe des Lebens und die seltsame erschaudernde Anwesenheit der unsichtbaren Toten macht den Rhythmus wirklich alter Religion aus. Moralische Religion ist verhältnismäßig modern, selbst bei den Juden.

Die zweite Hälfte der Apokalypse ist jedoch völlig moralisch, das heißt, alles ist Sünde und Erlösung. Einen Moment lang blitzt das alte kosmische Wunder auf, wenn der Drache sich wieder gegen die Frau wendet und ihr Adlerflügel verliehen werden, mit denen sie in die Wüste fliegt. Der Drache verfolgt sie und speit eine Wasserflut auf sie, um sie zu ertränken. »Aber die Erde half der Frau und tat ihren Mund auf und verschlang

144

den Strom, den der Drache aus seinem Rachen hatte hervorschießen lassen. Da wurde der Drache zornig über die Frau und
ging weg, um nun gegen ihre anderen Kinder zu kämpfen, *die
Gottes Gebote halten und von Jesus das Zeugnis empfangen haben.*«[228]

Die letzten Worte sind natürlich das moralische Ende, das
von einem jüdisch-christlichen Schreiber an das Fragment der
Mythe angehängt wurde. Der Drache ist hier der wässrige Drache oder der Drache des Chaos in seinem negativen Aspekt. Mit
all seiner Kraft widersteht er der Geburt von etwas Neuem,
einem neuem Zeitalter. Er wendet sich gegen die Christen, denn
sie sind die einzigen »Guten«, die auf der Erde übrig sind.

Der arme Drache gibt von nun an eine traurige Figur ab. Er
überläßt seine Kraft, seinen Thron und seine große Macht dem
Tier, das aus dem Meer steigt. Das Tier, »hatte zehn Hörner und
sieben Köpfe und auf seinen Hörnern zehn Kronen und auf
seinen Köpfen einen gotteslästerlichen Namen. Und das Tier,
das ich sah, glich einem Panther, und seine Füße waren wie
Bärentatzen und sein Rachen wie ein Löwenrachen.«[229]

Wir kennen dieses Tier bereits. Es stammt aus dem Buche
Daniel und wurde von Daniel *erklärt.*[230] Das Tier ist das letzte
große Weltreich, und die zehn Hörner sind zehn Königreiche,
die darin zusammengeschlossen sind. Das ist natürlich Rom.
Und was die Eigenschaften von Panther, Bär und Löwe betrifft,
die sind ebenfalls bei Daniel erklärt. Es sind die drei Reiche, die
Rom vorausgingen: schnell wie ein Panther das mazedonische[231], standhaft wie ein Bär das persische und raubgierig wie
ein Löwe das babylonische.

Hier befinden wir uns wieder auf der Ebene der Allegorie,
und ich empfinde kein wirkliches Interesse mehr. Allegorien
können immer erklärt werden, und damit wegerklärt. Ein wahres
Symbol trotzt jeder Erklärung, und jeder wahre Mythos ebenso.
Du kannst beiden Bedeutungen geben – du wirst sie niemals
wegerklären können. Denn Symbol und Mythos berühren uns

nicht nur verstandesmäßig, sie berühren jedesmal die tiefen emotionalen Schichten. Die hervorragende Eigenschaft des Verstandes ist seine Endgültigkeit. Der Verstand »versteht«, und damit hat's ein Ende.

Das emotionale Bewußtsein des Menschen besitzt dagegen ein Leben und eine Bewegung, die sich deutlich vom mentalen Bewußtsein unterscheidet. Der Verstand begreift in Teilen, in Stücken und in Bündeln, mit einem Punkt nach jedem Satz. Aber die emotionale Seele begreift vollständig, wie ein Fluß oder ein Strom. Nehmen wir zum Beispiel das Symbol des Drachen. Schau ihn dir an, auf einer chinesischen Teetasse, auf einem alten Holzschnitt, oder lies in einem Märchen von ihm. Was ist das Ergebnis? Wenn dein altes emotionales Selbst noch lebendig ist, dann wird deine emotionale Bewußtheit, je mehr du den Drachen anschaust und über ihn sinnierst, tiefer und tiefer erregt und gerät mehr und mehr in dämmrige Regionen der Seele, Äonen über Äonen zurückliegend. Wenn du aber in bezug auf den alten Weg des fühlenden Denkens tot bist, wie so viele Menschen der Moderne, dann »steht« der Drache einfach nur »für etwas«, für dieses oder jenes – für all die Dinge, für die er in Frazers *Golden Bough* steht.[232] Er ist bloß eine Art von Schild oder Etikett, wie ein vergoldeter Stößel mit Mörser außen an der Apotheke. Oder nehmen wir besser noch das ägyptische Symbol, das *ankh* genannt wird, das Symbol des Lebens usw., »⚲«, das die Göttinnen in ihren Händen halten. Jedes Kind »weiß, was es bedeutet«. Aber ein Mensch, der *wirklich* lebt, fühlt, daß sich seine Seele beim bloßen Anblick des Symbols weitet und zu pulsieren beginnt. Wie dem auch sei, moderne Männer sind alle beinahe halbtot, und moderne Frauen auch. Also schauen sie bloß auf das *ankh* und wissen alles darüber, und das war's dann. Sie sind stolz auf ihre eigene emotionale Impotenz.

Natürlich hat die Apokalypse die Menschen durch die Zeiten hindurch als ein »allegorisches« Werk angesprochen. Alles »bedeutete etwas« – und natürlich etwas moralisches. Man kann die Bedeutung ganz einfach und platt niederschreiben.

Das Tier aus dem Meer ist das Römische Reich – und später Nero, die Zahl 666[233]. Das Tier aus der Erde bedeutet die heidnische Priestermacht, die die Kaiser vergöttlicht und die Christen dazu verleitet, sie zu »verehren«. Denn das Tier aus der Erde hat zwei Hörner wie ein Lamm, ein falsches Lamm natürlich, ein Antichrist, und es lehrt seinen sündigen Anhängern Mirakel und Wunder zu wirken – Zauberei, wie Simon Magus[234] und die anderen.

Dann wird die Kirche Christi, oder des Messias, vom Tier zum Märtyrer gemacht, bis alle guten Christen den Märtyrertod gestorben sind. Und schließlich, nach nicht allzu langer Zeit – sagen wir vierzig Jahre – steigt der Messias vom Himmel herab und bekämpft das Tier, das Römische Reich, und die Könige auf seiner Seite. Es folgt der große Untergang Roms, das Babylon genannt wird, und ein großer Jubel über den Untergang – obwohl die poetischsten Stellen von Jeremia, Hesekiel oder Jesaja geklaut sind, sie sind nicht original. Die frommen Christen weiden sich am gefallenen Rom, und dann erscheint der siegreiche Reiter. Sein Gewand ist vom Blut der toten Könige getränkt. Danach kommt das Neue Jerusalem vom Himmel herab, um seine Braut zu sein, und all die reizenden Märtyrer bekommen ihren Thron, und für tausend Jahre (Johannes gab sich nicht mit Henochs mageren vierzig zufrieden), für ein Jahrtausend, das große Millennium, regiert das Lamm die Erde, unterstützt von all den auferstandenen Märtyrern. Und falls sich die Märtyrer im Millennium als ebenso blutrünstig und grausam erweisen sollten wie Johannes von Patmos in der Apokalypse – Rache! schreit Timotheos[235] – dann wird's einigen Leuten während der tausendjährigen Herrschaft der Heiligen ganz schön dreckig ergehen.

Aber damit nicht genug. Nach den tausend Jahren muß das gesamte Universum ausgelöscht werden: Erde, Sonne, Mond, Sterne und das Meer. Diese frühen Christen gierten geradezu nach dem Ende der Welt. Erst wollten sie mit Herrschen an der Reihe sein – Rache! schreit Timotheus – aber danach bestehen sie darauf, daß das gesamte Universum ausgelöscht werden soll, samt Sonne, Sternen und allem anderen. Und ein *neues* Neues Jerusalem soll erscheinen, mit denselben alten Heiligen und Märtyrern in ihrer Herrlichkeit. Alles andere ist verschwunden, außer dem Pfuhl von Feuer und Schwefel, in dem Teufel, Dämonen, die Tiere und die schlechten Menschen schmoren und leiden sollen, von Ewigkeit zu Ewigkeit, Amen!

So endet das ruhmreiche Werk, das sicher ein eher abstoßendes Werk ist. Rache war in der Tat eine heilige Pflicht für die Juden Jerusalems. Aber es ist gar nicht so sehr die Rache, die einen stört, sondern viel mehr die sich ständig wiederholende Selbstverherrlichung dieser Heiligen und Märtyrer, und ihre große Unverschämtheit. Wie man sie verabscheut, in ihren »neuen weißen Gewändern«[236]. Wie entsetzlich ihre selbstgefällige Herrschaft sein muß! Wie scheußlich ihr Geist ist, der schlicht und einfach darauf besteht, das ganze Universum auszulöschen, Vögel und Blumen, Sterne und Flüsse, und vor allem jeden außer *ihnen selbst* und ihren reizenden »erretteten« Brüdern. Wie abscheulich ist ihr Neues Jerusalem, wo die Blumen niemals welken, sondern in ewiger Gleichheit blühen! Wie spießig das ist, nichtwelkende Blumen zu haben!

Kein Wunder, daß die »unfromme« christliche Begierde, das Universum zu zerstören, die Heiden in Schrecken versetzte. Selbst die alten Juden des Alten Testaments wären erschrocken gewesen. Denn selbst für sie waren Erde, Sonne und Sterne ewig, erschaffen durch den allmächtigen Gott in seiner erhabenen Schöpfung. Aber nein, diese unverschämten Märtyrer müssen alles in Schutt und Asche legen.

Oh, dieses Christentum der Apokalypse ist das Christentum der mittelmäßigen Masse. Und wir müssen gestehen, es ist abscheulich. Selbstgerechtigkeit, Selbstbetrug, Wichtigtuerei und verborgener *Neid* liegt unter allem.

Zur Zeit Jesu war den untersten Schichten und den mittelmäßigen Leuten klar geworden, daß sie *niemals* die Chance erhalten würden, König zu werden. *Niemals* würden sie im Triumphwagen fahren, und nie Wein aus goldenen Bechern trinken. Nun gut – dann würden sie Rache nehmen, indem sie alles *zerstören*. »Sie ist gefallen, sie ist gefallen, Babylon, die große Stadt, und ist eine Behausung der Teufel geworden.«[237] Und damit sind all das Gold und Silber, Edelsteine und Perlen, das feine Leinen und die Seide, all das Purpur und Scharlach zerstört – und Zimt und Weihrauch, Weizen, Tiere, Schafe, Pferde, Wagen, Sklaven und die Seelen der Menschen – all das ist zerstört, zerstört, zerstört im mächtigen Babylon – ![238] Wie sehr hört man den Neid, den endlosen Neid, der aus diesem Triumphgesang hervorschreit!

Ja, wir können die Kirchenväter der Ostkirche verstehen, die die Apokalypse aus dem Neuen Testament heraushalten wollten. Doch so unvermeidlich wie Judas zwischen den Jüngern war, so mußte auch sie mit hineingenommen werden. Die Apokalypse ist der tönerne Fuß des großen christlichen Götzenbildes. Und der Götze stürzt in sich zusammen, eben wegen der Schwäche dieser Füße.

Da ist Jesus – aber da ist auch der Heilige Johannes. Es gibt die christliche Liebe – und es gibt den christlichen Neid. Die Liebe würde die Welt »erretten« – der Neid wird nicht eher Ruhe geben, bis er die Welt zerstört hat. Es sind zwei Seiten einer Medaille.

XXIII

Wenn man damit anfängt, die breite Masse der Leute Selbstverwirklichung zu lehren, die letztlich nur *fragmen-tarische* Wesen sind, *unfähig* zu ganzer Individualität, dann endet das damit, daß man sie alle zu neidischen, mißgünstigen und gehässigen Kreaturen macht. Jeder, der den Menschen freundlich gesinnt ist, weiß von dem fragmentarischen Wesen der meisten Menschen, und er wird versuchen, die Verhältnisse der gesellschaftlichen Macht so einzurichten, daß die Menschen ganz natürlich im kollektiven Ganzen aufgehen, weil sie eine individuelle Ganzheit *nicht* erreichen können. In diesem kollektiven Ganzen werden sie Erfüllung finden. Wenn sie jedoch nach individueller Erfüllung streben, dann *müssen* sie scheitern, weil sie von Natur aus fragmentarisch sind. Dann, als Gescheiterte, haben sie nirgendwo mehr eine Ganzheit, sie verfallen in Neid und Mißgunst. Jesus wußte das sehr gut, als er sagte: »Denn jedem, der etwas hat, dem wird noch mehr gegeben werden.«[239] Aber er hatte nicht mit der Masse der Mittelmäßigen gerechnet, deren Motto lautet: Wir haben nichts, und darum soll niemand etwas haben!

Jesus gab das Ideal für das christliche Individuum und hat es bewußt vermieden, das Ideal für einen Staat oder ein Volk zu geben. Wenn er sagte »Gebt dem Kaiser, was dem Kaiser gehört«[240], überließ er dem Kaiser wohl oder übel die Herrschaft über die Leiber der Menschen, und das war für Geist und Seele der Menschen eine schreckliche Bedrohung. Schon im Jahre 60 waren die Christen eine verfluchte Sekte, und sie waren, wie alle anderen auch, gezwungen, Opfer darzubringen, das heißt, den lebenden Kaiser zu verehren. Indem er dem Kaiser die Macht über die menschlichen Leiber zugestand, gab Jesus ihm auch die Macht, die Menschen zu zwingen, den Kaiser zu verehren. Nun glaube ich, daß Jesus selbst sich sicher nicht diesem Zwang gebeugt hätte, einen Nero oder Domitian[241] zu verehren. Ohne Zweifel hätte er den Tod vorgezogen, wie so viele der frühen christlichen Märtyrer. So gab es also gleich zu Beginn ein großes Dilemma. Christ zu sein bedeutete den Tod durch das Römische Imperium, denn sich dem Kult des Imperators zu unterwerfen und den Cäsaren als göttlich zu verehren, war für einen Christen unmöglich. Kein Wunder also, daß Johannes von Patmos bald den Tag kommen sah, an dem *jeder* Christ das Martyrium gestorben wäre. Dieser Tag wäre auch gekommen, wäre der Reichskult dem Volk absolut aufgezwungen worden. Und wenn *jeder* Christ zum Märtyrer geworden wäre, was konnte ein Christ dann noch erhoffen, außer der Wiederkunft Christi, der Auferstehung und vollkommener Rache! Das war die Lage, in der sich christliche Gemeinde sechzig Jahre nach dem Tod des Erlösers befand.

Das war unvermeidbar, nachdem Jesus erklärt hatte, daß das Geld dem Kaiser gehören würde. Das war ein Fehler. Geld bedeutet Brot, und das Brot der Menschen gehört den Menschen. Geld bedeutet auch Macht, und es ist ungeheurlich, dem eigentlichen Feind Macht zu geben. Früher oder später mußten die Cäsaren der Seele des Christentums *zwangsläufig* Gewalt antun. Aber Jesus hat nur das Individuum gesehen und nur das Individuum berücksichtigt. Er überließ es Johannes von Patmos, der gegen das Römische Reich war, die christliche Vision eines christlichen Staates zu formulieren. In der Apokalypse hat Johannes das getan. Sie zieht die Zerstörung der ganzen Welt nach sich und die Herrschaft der Heiligen in einer letztendlich entleibten Herrlichkeit. Oder es zieht die Zerstörung aller weltlichen Macht nach sich, und die Herrschaft einer Oligarchie von Märtyrern (das Millennium).

Dieser Zerstörung jeglicher irdischer Macht streben wir jetzt entgegen. Die Oligarchie der Märtyrer begann mit Lenin, und offenbar ist Mussolini[242] ebenfalls ein Märtyrer. Merkwürdige, ganz merkwürdige Leute sind diese Märtyrer, mit ihrer sonderbaren kalten Moral. Wenn jedes Land seinen Märtyrer-Herrscher hat, so wie Lenin oder Mussolini, was wird das für eine seltsame, unvorstellbare Welt sein! Aber so wird es kommen, die Apokalypse ist immer noch ein Buch, das Wunder bewirkt.

Ein paar sehr wichtige Punkte wurden von der christlichen Lehre und dem christlichen Denken nicht berücksichtigt. Nur die christliche Phantasie hat sie erfaßt.

1. Kein Mensch ist oder kann ein reines Individuum sein. Die Masse der Menschen hat, wenn überhaupt, nur den leisesten Anflug von Individualität. Die Masse der Menschen leben, denken, fühlen und bewegen sich kollektiv. Sie haben praktisch keinerlei individuelle Gefühle oder Gedanken. Sie sind Fragmente des kollektiven oder gesellschaftlichen Bewußtseins. Das war immer so und das wird immer so bleiben.

2. Der Staat, oder das, was wir die Gesellschaft nennen, kann als kollektives Ganzes nicht die Psyche eines Individuums besitzen. Es ist auch ein Fehler, zu sagen, daß der Staat sich aus Individuen zusammensetzt. Das tut er nicht. Er setzt sich aus einer Ansammlung von fragmentarischen Wesen zusammen. Und *kein* kollektiver Akt, selbst ein so privater wie das Wählen, wird vom individuellen Selbst vollzogen. Das kollektive Selbst vollzieht ihn, und das hat einen anderen psychologischen Hintergrund, einen nicht-individuellen.

3. Der Staat *kann kein* christlicher sein. Jeder Staat ist eine Macht. Das kann nicht anders sein. Jeder Staat muß seine Grenzen und seinen Wohlstand beschützen. Wenn er das versäumt, dann betrügt er alle seine individuellen Bürger.

4. Jeder *Staatsbürger* ist ein Teil der weltlichen Macht. Ein *Mensch* mag sich wünschen, reiner Christ und reines Individuum zu sein. Aber da er *gezwungen* ist, Mitglied eines politischen Staates zu sein, muß er unweigerlich auch ein Teil der weltlichen Macht sein.

5. Als ein Staatsbürger, als ein kollektives Wesen, findet der Mensch seine Erfüllung in der Befriedigung seines Macht-

strebens. Wenn er einer der sogenannten »führenden Nationen«
angehört, ist seine Seele erfüllt von dem Gefühl der Macht und
Stärke seines Landes. Wenn sein Land sich zu einem Zenit von
aristokratischer Größe und Macht erhebt, dann wird er um so
mehr erfüllt sein, wenn er seinen Platz in der Hierarchie findet.
Wenn sein Land aber mächtig und demokratisch ist, dann wird
er von dem ständigen Willen besessen sein, sich seine Macht zu
beweisen, indem er sich einmischt und andere Leute daran *hin-
dert*, so zu leben, wie sie wollen, denn keiner darf mehr sein als
ein anderer. Das ist die Situation in den modernen Demokratien,
ein Zustand ständiger Schikane.

In Demokratien nimmt die Schikane unweigerlich den Platz
der Macht ein. Schikane ist die negative Form der Macht. Der
moderne christliche Staat besitzt eine seelenzerstörende Kraft,
denn er besteht aus Fragmenten, die kein organisches Ganzes
besitzen, sondern nur ein kollektives Ganzes. In einer Hierarchie
ist jedes Teil organisch und lebendig, so wie mein Finger ein or-
ganischer und lebendiger Bestandteil von mir ist. Aber eine Demokratie läuft zwangsläufig darauf hinaus, obszön zu werden,
denn sie setzt sich aus Myriaden von desintegrierten Fragmenten
zusammen, und jedes Fragment nimmt für sich eine falsche
Ganzheit an, eine falsche Individualität. Die moderne Demokratie besteht aus Millionen von Bruchstücken, die alle auf ihrer
eigenen Ganzheit bestehen.

6. Es ist für ein Individuum auf lange Sicht fatal, ein Ideal zu
haben, das nur sein individuelles Selbst berücksichtigt und sein
kollektives Selbst ignoriert. Der Glaube der Individualität, der die
Realität der Hierarchie verleugnet, führt letztlich zu bloßer An-
archie. Demokratische Menschen leben durch Zusammenhalt
und Auseinanderstreben, durch die bindende Kraft der »Liebe«
und der auseinanderstrebenden Kraft der individuellen »Freiheit«. Sich ganz der Liebe zu überlassen würde heißen, absorbiert
zu werden, was der Tod des Individuums wäre. Denn das In-

dividuum muß an sich festhalten, oder es würde aufhören, »frei« und individuell zu sein. So sehen wir, daß unser Zeitalter zu seinem Erstaunen und zu seiner Bestürzung erwiesen hat, daß das Individuum *nicht* lieben *kann*. Das Individuum kann nicht lieben. Das ist axiomatisch. Und der moderne Mann oder die moderne Frau *können* sich *nicht* sicher als Individuum begreifen. Das Individuum in Mann und Frau ist dazu *bestimmt*, zu töten, zumindest den Liebenden in sich selbst. Es ist nicht so, daß jeder Mann das tötet, was er liebt[243], aber jeder Mann tötet den Liebenden in sich, indem er auf seiner eigenen Individualität besteht. Und so tötet auch jede Frau die Liebende in sich. Die Christen *wagen nicht, zu lieben*. Denn Liebe tötet das, was christlich, demokratisch und modern ist, das Individuum. Das Individuum *kann nicht* lieben. Wenn das Individuum liebt, hört es auf, rein individuell zu sein. So *muß* es sich selbst zurückgewinnen, und aufhören zu lieben. Das ist eine der erstaunlichsten Lehren unserer Tage: das Individuum, der Christ, der Demokrat – sie *können nicht* lieben. Oder, wenn sie lieben, dann *müssen* sie es zurücknehmen.

Soviel zur privaten oder persönlichen Liebe. Aber was ist mit der anderen Liebe, der »Caritas«, den Nächsten zu lieben wie sich selbst?

Das funktioniert genauso. Du liebst deinen Nächsten. Sofort läufst du Gefahr, von ihm absorbiert zu werden. Du mußt dich zurückziehen, du mußt an dir festhalten. Die Liebe wird zum Widerstand. Am Schluß bleibt nur noch Widerstand, keine Liebe mehr. Das ist die Geschichte der Demokratie.

Wenn du den Pfad der individuellen Selbstverwirklichung beschreitest, dann machst du dich besser davon, so wie Buddha, und bleibst für dich und verschwendest an niemanden einen Gedanken. Dann erreichst du vielleicht das Nirvana. Der christliche Weg der Nächstenliebe führt dich zu der scheußlichen Anomalie, daß du am Ende in bloßen Widerstand zu deinem Nächsten leben mußt.

Die Apokalypse, das seltsame Buch, macht dies deutlich. Es zeigt uns den Christen in seinem Verhältnis zum Staat, was die Evangelien und die Epistel vermeiden. Es zeigt uns den Christen in seinem Verhältnis zum Staat, zur Welt und zum Kosmos. Es zeigt ihn in unversöhnlicher Feindschaft zu ihnen, die schließlich zu dem Wunsch führt, sie alle zu zerstören.

Es ist die dunkle Seite des Christentums, des Individualismus und der Demokratie, die Seite, die ein großer Teil der Welt uns heute zeigt. Und es ist schlicht und einfach Selbstmord. Selbstmord – individuell und *en masse*. Wenn der Mensch es vermöchte, wäre es kosmischer Selbstmord. Aber der Kosmos ist nicht von der Gnade des Menschen abhängig, die Sonne wird nicht uns zum Gefallen vergehen.

Auch wir möchten nicht vergehen. Wir müssen einen falschen Standpunkt aufgeben. Laßt uns unseren falschen Standpunkt als Christen, als Individuen und als Demokraten aufgeben. Laßt uns ein Konzept von uns selbst finden, das uns erlaubt, friedlich und glücklich zu sein, statt gequält und unglücklich.

Die Apokalypse zeigt uns, wogegen wir uns auf unnatürliche Weise sträuben. Wir sträuben uns gegen unsere Bindung mit dem Kosmos, mit der Welt, mit der Menschheit, mit dem Volk und mit der Familie. All diese Verbindungen trifft in der Apokalypse der Bannfluch, und so werden sie zum Fluch für uns. Wir *ertragen keine Bindungen*. Das ist unser Gebrechen. Wir *müssen* uns lossagen und isoliert sein. Wir nennen es frei sein, individuell sein. Über einen bestimmten Punkt hinaus, und den haben wir erreicht, ist es Selbstmord. Vielleicht haben wir den Selbstmord gewählt. Schön und gut. Auch die Apokalypse hat den Selbstmord gewählt, mit darauf folgender Selbstverherrlichung.

Die Apokalypse zeigt uns aber, gerade durch ihren Widerstand dagegen, die Dinge, die das menschliche Herz insgeheim ersehnt. An genau der gleichen Verzückung, mit der die Apokalypse die Sonne und die Sterne zerstört, die Welt mit allen Königen und

Herrschern, allen Scharlach und Purpur und Zimt, allen Huren und schließlich allen Menschen, die kein »Siegel« tragen, können wir erkennen, wie tief sich die Apokalyptiker nach der Sonne, den Sternen, der Erde und den Wassern der Erde sehnen, nach Vornehmheit und Herrschaft und Macht, nach Scharlach und Gold und Pracht, nach leidenschaftlicher Liebe und Gleichklang mit den Menschen, ganz unabhängig von der Geschichte mit dem Siegel. Was der Mensch am leidenschaftlichsten begehrt, ist seine lebendige Ganzheit und sein lebendiger Einklang, nicht die isolierte Rettung seiner »Seele«. Der Mensch möchte zuerst und zuvorderst seine körperliche Erfüllung, weil er jetzt, nur dieses eine Mal, in Fleisch und Kraft ist. Für den Menschen ist es das große Wunder, lebendig zu sein. Denn für den Menschen, genau wie für Blume, Tier und Vogel, ist es der größte Triumph, höchste Lebendigkeit zu erlangen, das vollkommene Leben. Was immer die Ungeborenen und die Toten auch wissen mögen, sie kennen nicht die Schönheit und das Wunder, im Fleische lebendig zu sein. Die Toten mögen sich ums Jenseits kümmern. Aber das großartige hier und jetzt des Lebens im Fleische gehört uns, uns alleine, und das nur für eine gewisse Zeit. Wir sollten vor Verzückung tanzen, da wir lebendig und im Fleische sind und Teil des lebendigen und leibhaftigen Kosmos. Ich bin Teil der Sonne, so wie mein Auge Teil von mir ist. Meine Füße wissen ganz genau, daß ich ein Teil der Erde bin, und mein Blut ist ein Teil des Meeres. Meine Seele weiß, daß ich ein Teil der Menschheit bin, meine Seele ist ein organisches Teil der großen menschlichen Seele, und mein Geist ist ein Teil meines Volkes. In meinem innersten Selbst bin ich Teil meiner Familie. Nichts von mir existiert alleine und losgelöst, außer meinem Verstand, und wir werden feststellen, daß der Verstand keine eigene Existenz besitzt, er ist lediglich das Glitzern der Sonne auf der Oberfläche des Wassers.

Also ist meine Individualität tatsächlich eine Illusion. Ich bin ein Teil des großen Ganzen, und ich kann niemals entkommen.

Ich kann jedoch meine Bindungen verleugnen, sie abbrechen, dann werde ich zu einem Fragment. Das bedeutet mein Unglück.

Was wir wollen, ist, unsere falschen, unorganischen Bindungen zu zerstören, besonders die zum Geld, und die lebendigen, organischen Bindungen wieder herzustellen, mit dem Kosmos, mit Sonne und Erde, mit Menschheit, Volk und Familie. Beginnen wir mit der Sonne, und der Rest wird langsam, langsam folgen.

Anmerkungen

* Diesen Text schrieb D. H. Lawrence ursprünglich als Einleitung zu »Der Drache der Apokalypse« von Frederick Carter. Gleichwohl eignet er sich auch als Einführung in seine Abhandlung, weshalb er hier dem eigentlichen Text der »Apokalypse« vorangestellt sei. Dieser beginnt mit dem Kapitel 1.

1 Drachen der Apokalypse: 1931 veröffentlicht als: Frederick Carter: *The Dragon of Revelation*.

2 Millennium: Von lat. *mille*, »tausend«. Millenarismus: Glaube an ein tausendjähriges Reich der Endzeit, insbesondere die Herrschaft Christi auf Erden. Siehe Offb XX. Auch Chiliasmus genannt, von griech. *chilioi*, »tausend«.

3 das Neue Jerusalem: Die Heilige Stadt Gottes, die in der Vision des Johannes vom Himmel herabkommt, vgl. Offb 21.

4 »Und ich sah ... Ein weißes Pferd«: Offb 19, 11 [Alle Bibelzitate richten sich nach der Luther-Bibel, revidierter Text 1975.]

5 die Pilgerreise: *Pilgrim's Progress* (1678), Werk von John Bunyan (1628–1688), engl. Schriftsteller und Laienprediger einer puritanischen Gemeinde. Das Buch schildert in allegorischem Gewand den Weg des Christen bis zur himmlischen Stadt.
   Dante Alighieri: italien. Dichter, 1265–1321. Hauptwerk die »Divina Commedia« (Göttliche Kommödie), ca. 1311–21. Allegorisch-lehrhaftes Gedicht in toskanischer Mundart. Stellt den Weg der Seele zum Heil dar. Unterteilt in Inferno (Hölle), Purgatorio (Läuterungsberg) und Paradiso (Paradies).

6 Mann-mit-den-zwei-Gesichtern: Figur aus Bunyans *Pilgerreise*.
   Janus: Altröm. Gott des Sonnen- und Jahreslaufs, des Anfangs und der Ein-, Aus- und Durchgänge. Der Janusbogen am Forum war in Kriegszeiten offen, im Frieden geschlossen. Er wird mit einem Doppelgesicht dargestellt.

7 Kronos: In der griech. Mythologie ist Kronos der jüngste Sohn des Uranos (der Himmel und Urahn aller Götter) und der Gäa (die Erde). Er ist einer der Titanen (die Nachkommen von Uranos und Gäa). Kronos stürzt seinen Vater Uranos und übernimmt mit den Titanen die Weltherrschaft. Kronos selbst wird von seinem Sohn Zeus gestürzt, womit die Olympier die Herrschaft antreten. Vgl. Anm. 152.

8 Sodom-Äpfel: vgl. 5. Mose 32,32–33; vgl. Anm. 173.

9 Chaldäa: Ursprünglich Landschaft am unteren Euphrat, das südliche Mesopotamien. Später wurde der Name für ganz Babylon gebraucht. Gilt als Heimat von Astronomie, Astrologie und Magie.

10 Baal: (hebr. »Herr«) Reichsgott der Assyrer und Babylonier, auch Bel oder Marduk genannt.

11 Euphrat: Längster Strom Vorderasiens, Quellflüsse in der Türkei, mündet im Schatt al-Arab in den Persischen Golf.
Mesopotamien: Griech. *mesos*, »in der Mitte befindlich«; *potamos*, »Fluß«. Schwemmland zwischen Euphrat und Tigris. Auch Zweistromland genannt. Kernland des babylonischen Reiches.
Euphrat und Tigris gelten als zwei der Ströme im Garten Eden, vgl. 1. Mose 2,14.

12 der zu einem Rennen antritt: vgl. Ps 19,5–7.

13 Belsazar: Letzter Kronprinz von Babylon, Sohn Nabonids. 539 v. Chr von den Persern besiegt und getötet. Die Erzählung in Dan 5 ist legendär.

14 Artemis: Tochter des Zeus, Zwillingsschwester von Apollo, war in der griech. Mythologie die Göttin der Fruchtbarkeit, der Jungfräulichkeit und der Jagd. Sie wurde mit der römischen Diana identifiziert.
Cybele: Alte phrygische Göttin der Natur und Fruchtbarkeit. Ihr wurde als Große Mutter in orgiastischen Festen gehuldigt. Später wurde sie mit Rhea (Tochter des Uranos) identifiziert, Gattin des Kronos, Mutter von Zeus. In Rom als Magna Mater verehrt.
Weder Artemis noch Cybele waren ursprünglich Mondgöttinnen, obwohl die erstere mit Selene gleichgesetzt wurde, der Mondgöttin der griechischen Mythologie.

15 Astarte: Phönizische Muttergottheit, wurde Im AT von abtrünnigen Israeliten als Astoret oder Aschera verehrt (1. Kön 18,19; die »Himmelskönigin« in Jer 7,18; 44,17–19). Wesensverwandt mit der babylonischen Ischtar und der griechischen Aphrodite.

16 Dissentern ... Christian Endeavour: Dissenter (von lat. *dissentire*, »abweichender Meinung sein«) hießen die Gemeinden, die sich der Eingliederung in die Anglikanische Kirche widersetzten, vornehmlich Calvinisten und Puritaner. Aus den Dissentern gingen die Freikirchen der Kongregationalisten, Presbyterianer, Baptisten und Methodisten hervor. Der junge DHL war Mitglied einer Kongretionalistengemeinde und der Christian Endeavour Bewegung (Young People's Society of C.E.). Die Jugendorganisation Christian Endeavour (»christliches Streben«) wurde 1881 gegründet und wollte besonders junge Menschen für die lokalen Kirchen gewinnen.

17 »Am Tag des Herrn ... Alpha und das Omega«: Vgl. Offb 1,8–10. Alpha und Omega sind der erste und der letzte Buchstabe des griechischen Alphabets, daher der Anfang und das Ende, Bezeichnung Gottes und Christi.

18 »Halleluja! ... die Herrschaft angetreten«: Offb. 19,6.

19 »Und er tritt ... Gottes, des Allmächtigen: Offb 19,15.

20 Moffatt: James Moffatt, *The New Testament: A New Translation*, 1913.

21 Assyrien: vom 13.–7. Jh. v. Chr. vorherrschende Macht in Mesopotamien, vgl. Anm. 100.

22 Seleukiden: Diadochen-Dynastie, 312 v. Chr. von Seleukos Nikator gegründet, einem Feldherrn Alexanders des Großen. Das Seleukidenreich erstreckte sich zeitweise über ganz Westasien (Kernland Syrien) und reichte bis zum Indus.

23 Pompeius und Antonius: Gnaeus Pompeius (106–48 v. Chr.), römischer Feldherr und Politiker. Bildete 60 v. Chr. mit Caesar und Crassus das 1. Triumvirat. 48 v. Chr. von Caesar im Bürgerkrieg besiegt und auf der Flucht in Ägypten ermordet.
Marcus Antonius (82–30 v. Chr.), römischer Staatsmann. Besiegte 42 v. Chr. die Mörder Caesars. Teilte das Römische Reich mit Octavian (Augustus), Antonius herrschte über den Ostteil. Vermählung mit Kleopatra. Wurde 31 v. Chr. von Octavian besiegt und beging Selbstmord.

24 Ur: Stadt des Altertums am unteren Euphrat, nach dem AT die Heimat Abrahams (1. Mose 11,27–31), Sitz dreier sumerischer Dynastien, zeitweilig Metropole Babylons.
Ninive: Stadt des Altertums in Mesopotamien, am linken Tigrisufer, im 7. Jh.v. Chr. Hauptstadt von Assyrien.
Saba: In der englischen Ausgabe *Sheba*, mit dem Verweis auf das biblische *Beerseba*. Wahrscheinlicher ist aber Saba (auch Scheba), südarabisches Reich der Sabäer, ca. 1100–575 v. Chr. Zur Legende von Salomo und der Königin von Saba vgl. 1. Kön 10; 2. Chron 9.
Tarschisch: Stadt des Altertums, auch Tartessos genannt, im südwestlichen Spanien (Andalusien), wird in der Nähe von Cádiz vermutet. Schon im 2. Jahrtausend v. Chr. Handelskontakte mit Phöniziern, später auch mit Griechen. Um 500 v. Chr. von den Karthagern zerstört.

25 Mithras: Indoiranischer Gott des Lichtes und der Wahrheit, Hüter des Rechts und des Vertrags. Wesens- und namensverwandt mit dem atvedischen *Mitra*. Mithras wurde erstmals im 14. Jh.v. Chr. in einem akkadischen Dokument als Schwurgott in einem Vertrag erwähnt. Er wurde von Zarathustra bekämpft, von Artaxerxes II (um 451–363 v. Chr.) wieder offiziell anerkannt. Sein Kult war im gesamten Reich Alexanders des Großen verbreitet. Ab dem 1. Jh. auch im Römischen Reich verehrt. Dort erlangte er als mit der Sonne verbundener Erlösergott (*Sol Invictus Mithras*) große Bedeutung. Wurde durch die Legionäre bis an die Grenzen des Reiches getragen. Im Mittelpunkt des Mysterienkultes stand die (symbolische) Tötung eines Stieres. Im 4. Jh. durch das Christentum verdrängt, mit dem es lange konkurrierte.

26 Nonkonformisten: Allgemeine Bezeichnung für die protestantischen Dissenter wie Presbyterianer, Kongregationalisten, Methodisten, Quäker und Baptisten. Vgl. Anm. 16.

27 Band of Hope ... Christian Endeavour: Vereinigungen der Dissenter-Bewegung, vgl. Anm. 16.

28 Krieg und Frieden: Roman von Leo Tolstoi (1828–1910).

29 »Treu und Wahrhaftig«: Offb 19,11.
30 Pilgrim's Progress: vgl. Anm. 5.
31 Euklid: Griech. Mathematiker. Schrieb um 325 v. Chr. das Lehrbuch »Die Elemente«. Es war zur Zeit von DHL Grundlage des Geometrieunterrichts.
32 Faerie Queen: »Feenkönigin« (1596), unvollendetes Epos von Edmund Spenser (1552–99).
33 »Und vor dem Thron ... und der kommt«: Offb 4,6–8.
34 durchs Blut waten ... Zorn des Lammes: vgl. Offb 6,16; 7,14; 14,20; 16,3–4; 19,13.
35 Bethel-Gemeinden: Gemeinden der Dissenter.
36 Heilsarmee: *Salvation Army*, aus der 1865 von William Booth gegründeten Ostlondoner Zeltmission 1878 hervorgegangene christliche Organisation. Missionierung und Sozialarbeit vor allem im Großstadtmilieu.
37 Pentecost: Von griech. *pentecosta*, »fünfzigster« Tag nach Ostern, d. h. Pfingsten. Die Pfingstbewegung entstand um 1900 in Los Angeles. Charakteristisches Merkmal ist die Geistestaufe, oft von Zungenreden begleitet. Verbreitet in den USA, England, Norwegen, Schweden und Deutschland.
38 Das Rätselwort ... Greuel auf Erden: Offb 17,5.
Babylon: Ruinenstadt am Euphrat, einst Metropole des Chaldäerreiches und eine der größten Städte des Altertums. Nach der Eroberung Jerusalems durch Nebukadnezar II wurde die jüdische Ober- und Mittelschicht 597 und 586 v. Chr. nach Babylon verschleppt (vgl. Ps 137, die *Klage der Gefangenen zu Babel*). Die Zeit des »Babylonischen Exils« dauerte bis 538 v. Chr., vgl. Anm. 75.
39 »Sie ist gefallen ... aller unreinen Vögel«: Offb 18,2.
40 Pharisäer: Religiöse Partei innerhalb des antiken Judentums. Sie verfochten die strenge und buchstabengetreue Erfüllung der religiösen Gesetze. Ihrer Selbstgerechtigkeit und äußerlichen Frömmigkeit wegen von Jesus angeprangert, vgl. Mt 23.
41 »die weder Sonne ... hell in ihr wird«: Offb 21,23.
42 Ursprüngliche Methodisten: Gemeinden entstanden 1811 in Verbindung mit den Wesley'schen Methodisten. Sie wollten die frühere »ursprüngliche« Form der Kirche wiederherstellen.
43 Kongregationalisten: Spalteten sich als Freikirche im 16. Jh. von der anglikanischen Kirche ab. Treten für die völlige Unabhängigkeit der einzelnen lokalen Gemeinden ein, die demokratisch geführt werden und nur Christus als Oberhaupt anerkennen.
44 Beauvale Gemeinde: DHL besuchte gelegentlich diese Gemeinde in Eastwood, Nottinghamshire.
45 »Führe uns, gütiges Licht!«: Hymne von Kardinal John Newman; für DHL Inbegriff der Sentimentalität.

46 »Liebet einander!«: vgl. Joh 13,34.

47 Tempel zu Jerusalem: Nationalheiligtum der Juden. Erbaut von Salomo, wurde 586 v. Chr. von den Babyloniern zerstört, 520 v. Chr. nach der Heimkehr aus dem Babylonischen Exil neu errichtet. 167 v. Chr. von Antiochus Epiphanes im Zuge einer Zwangshellenisierung der Juden entweiht (hierauf bezieht sich anscheinend DHL), und 70 durch Titus endgültig zerstört.

48 Millennium: vgl. Anm. 2.

49 Buddha: Sanskr. »der Erleuchtete«, Beiname von Siddharta Gautama (um 560–480 v. Chr.), indischer Religionsstifter.

50 Platon: 427–347 v. Chr., griech. Philosoph. Schüler des Sokrates, überlieferte dessen Lehre in verschiedenen Schriften. Sein bedeutendster Schüler war Aristoteles.

51 Franz von Assisi: 1181–1226, italienischer Wanderprediger, Heiliger und Stifter des Franziskanerordens.

52 Percy Bysshe Shelley: 1792–1822, Dichter, Hauptvertreter der englischen Romantik. Seine Frau Mary Shelley ist Autorin des *Frankenstein*.

53 Lenin: Eigentlich Wladimir Iljitsch Uljanow (1870–1924), Führer der russischen Oktoberrevolution.

54 Abraham Lincoln: 1809–1865, 16. Präsident der Vereinigten Staaten (1861–1865), proklamierte 1862 die Abschaffung der Sklaverei.

55 Woodrow Wilson: 1856–1924, 28. Präsident der Vereinigten Staaten (1913–21).

56 der verstorbene Zar: Nikolaus II (1868–1918), letzter Zar von Rußland (1894–1917). Wurde nach der Oktoberrevolution mit seiner Familie erschossen.

57 Herrschaft des »Tiers«: vgl. Offb 13.

58 Streben nach »Überlegenheit: Der östereichische Psychologe Alfred Adler (1870–1937) begründete nach seinem Zer-würfnis mit Freud die »Individualpsychologie«. Er geht von einem Minderwertigkeitsgefühl des Menschen aus, das sich durch Erfahrungen der eigenen Unterlegenheit und der eigenen Mängel bildet. Ein Streben nach Macht soll dieses Gefühl kompensieren.

59 Der Große Krieg: Mit *Great War* bezeichnen die Briten den I. Weltkrieg.

60 »Johannes an die ... klagen. Ja, Amen«: Offb 1,4–7.

61 am See wandelte: vgl. Mt 4,18 ff.

62 »Am Tag des Herrn ... goldenen Leuchtern einhergeht«: Offb 1,10–2,1.

63 Schwert des Logos: Das Wort Gottes; vgl. Hebr 4,12; Offb 2,12.

64 »Meine Seele ist ... hier und wacht!«: Mk 14,34.

65 Visionen von Hesekiel und Daniel: vgl. Hes 1,26–28; Dan 7,9–10; 10,5–6.

66 Holokaust: Brandopfer, von der griech. Wurzel *kau*, »brennen«, und *holon*, »ganz, vollständig«. Ein Ofer der Griechen, um die Toten und die Herren der Toten, die Chthonioi (griech. *chthon*, »Erde«), zu besänftigen und zu versöhnen.

67 Helios: Griech. »Sonne«; der Sonnengott.

68 Artemis ... Cybele ... Astarte: Keine von ihnen war ursprünglich eine
Mondgöttin, so wie etwa Selene, aber alle wurden mit dem Mond in Verbindung gebracht.

69 Aldebaran: Heller, rötlicher Riesenstern im Sternbild des Stiers (Taurus); er
bildet das Auge des Stiers.

70 Wer nicht mit ... ist gegen mich: Mt 12,30.

71 Katabolismus: Gesamtheit des abbauenden körperlichen Stoffwechsels.

72 Apokalypse des Henoch: Henoch (hebr. *Hanok*, »der Eingeweihte«), einer
der Urväter Israels, vgl. 1. Mose 5, 18 ff. Die Henochbücher sind drei zwischen 170 v. Chr. und 300 n. Chr. verfaßte apokryphe Apokalypsen in
verschiedenen Sprachen (äthiop. slaw. und hebrä.), die unter der Ver-
fasserschaft des Henoch in Umlauf gebracht wurden und in denen die
Gestalt Henochs eine wesentliche Rolle spielt.

73 Antiochus Epiphanes: Seleukidenkönig (175–163 v. Chr.). Vgl. Anm. 22 u.
47.

74 König aller Könige und Herr aller Herren: Offb. 19,16.

75 Pompeius: vgl. Anm. 23.
Alexander der Große: 356–323 v. Chr., König von Mazedonien, eroberte das
Persische Großreich und Ägypten und stieß bis an den Indus vor.
Kyros II: Regierte von 559–530 v. Chr., Begründer der Vormachtsstellung der
Perser im Vorderen Orient. Nach der Eroberung Babylons gestattete er den
Juden die Heimkehr aus dem Babylonischen Exil.
Alle drei Herrscher trugen den Beinamen »der Große« und stehen hier sy-
nonym für Machtfülle und siegreiche Eroberungen.

76 Ägäische Kultur: Auch Kretisch-Mykenische Kultur, vorherrschende Kultur des östlichen Mittelmeerraumes der vorhellenistischen Zeit, etwa 2800–
1200 v. Chr.

77 dem Zerstampfen der ... der Pferde reicht: vgl. Offb 14,19–20.

78 »Komm, Herr Jesu, Komm«: Offb 22,20.

79 Nach-David-Ära: König David, um 1040–965 v. Chr., einte die Reiche Juda
und Israel und machte Jerusalem zur Hauptstadt.

80 Hesekiel: Prophet des Alten Testaments um 590 v. Chr., seine Visionen
(vgl. Hes 1 und 10) haben die apokalyptische Literatur beeinflußt.

81 Anaximander: Um 611–546 v. Chr. in Milet. Der zweite der milesischen Philosophen. Lehnte die Annahme des Thales ab, die Ursubstanz bestünde nur
aus einem Stoff (bei Thales war es das Wasser). Für Anaximander war die
Ursubstanz das »Unbegrenzte« (*apeiron*), was eine unendliche Fülle materieller
Ausdehnung in allen Richtungen bedeutet, so wie Hitze und Kälte, Feuchtigkeit und Trockenheit. Alle Dinge gehen aus dem Unbegrenzten hervor und
werden wieder dorthin zurückkehren. Die »Räder des Anaximander« sind die
Himmelskörper, die Anaximander sich als Feuerräder vorstellte, die bis auf

eine Stelle durch Luft verdeckt waren, Luft konnte nämlich nach alter griechischer Vorstellung Dinge verdecken, Dunkelheit wurde lange als eine Art Dampf gedacht.

82 Räder bei Hesekiel: vgl. Hes 1,15–21; 10.

83 die vier Geschöpfe: Die Cherubim, ursprünglich assyrischer oder akkadischer Herkunft. Erscheinen im AT als geflügelte Wesen mit verschiedenen Antlitz und in unterschiedlicher Gestalt. In 1. Mose 3,24 sind sie die Wächter des Paradieses, in Ps 18,11; Hes 1; 10; 11,22 die Träger von Gottes Thron. In Offb 4,8 preisen sie ohne Unterlaß ihren Schöpfer.

84 Michael und Gabriel: Gehören zu den vier Erzengeln. Ursprünglich aus dem Awesta der Zarathustrareligion stammend. In den abrahamitischen Traditionen gilt Michael als höchster Engel, gefolgt von Gabriel.

85 Demiurg: Von griech. *demiourgos*, »Handwerker«. Bei Platon ist der Demiurg der »Baumeister« der Welt, der die chaotische Materie nach ewigen Ideen zum geordneten Kosmos formt. In der Religionswissenschaft kann mit Demiurg eine Schöpfergestalt bezeichnet werden, die im Auftrag eines höheren Wesens den Schöpfungsplan ausführt. In dieser Form kommt er zum Beispiel bei den Gnostikern vor.

86 Archidiakon: Titel in der anglikanischen Kirche.

87 Mysterien des Orpheus: Die Orphik war eine phil.-relig. Bewegung in der griech. Antike und im Hellenismus. Sie berief sich auf heilige Schriften (»orphische Dichtungen«), die angeblich von Orpheus stammten. Die Lehre befaßte sich mit dem jenseitigen Geschick der Seele und mit ethischen Forderungen, mit deren Erfüllung die Seligkeit im Jenseits und das Ende der Seelenwanderung erreicht werden sollte.

88 die verstreuten Juden: Die Zerstreuung (griech. *diaspora*) der Juden begann 722 v. Chr. mit der Eroberung Israels durch die Assyrer, die einen Teil der Oberschicht verschleppten. 597 v. Chr. kam es zur Eroberung Judas durch die Babylonier, der Beginn des »Babylonischen Exils«, vgl. Anm. 38. Nach einem von Rom niedergeschlagenen Aufstand wurden 138 weite Teile der Bevölkerung vertrieben.

89 Nero oder Nero redivius: 37–68 n. Chr. (Freitod), römischer Kaiser von 54–68, war für seine sprichwörtliche Tyrannei berüchtigt. Soll 64 den großen Brand von Rom gelegt haben, beschuldigte aber die Christen und ließ sie grausam verfolgen. Er soll als Drache (Offb 12) und Tier (Offb 13; 17) der Offenbarung wiederkehren.

90 Kathedrale von Reims: Die Kathedrale Notre Dame (13.-15. Jh., Krönungskirche der frz. Könige) in Reims, eines der schönsten Bauwerke der klassischen gotischen Architektur, erlitt im I. Weltkrieg schwere Schäden, wurde aber restauriert und 1927 wieder eröffnet.

91 Minoer: Die Minoische Kultur (ca. 3000–1000 v. Chr.) war die bronzezeitliche Kultur Kretas, benannt nach dem sagenhaften König Minos.

Etrusker: Kultur zwischen dem 8. und 1. Jh. v. Chr. zwischen Arno und Tiber im westmittelitalienischen Raum. Letztlich von Rom besiegt.

92 Urdummheit: Im Original in Deutsch, einem Dr. Preuss zugeschrieben.

93 Thales (von Milet): Gilt als Anfang der abendländischen Philosophie und Wissenschaft. Er hielt das Wasser für die Ursubstanz, aus der alle Dinge hervorgehen.
Anaximander: vgl. Anm. 81.
Pythagoras: Griech. Philosoph und Mathematiker, geb. um 580 (Samos), gest. um 496 v. Chr (Kroton, Kalabrien). Seine Lehre war orphisch beeinflußt. Die Pythagoreer glaubten an Seelenwanderung. Das irdische Leben diente demnach der Reinigung der Seele durch sittlichen Lebenswandel. Die Lehren des Pythagoras sind nur durch Schüler überliefert. Vgl. Anm. 221.

94 Neufrechheit: Im Original in Deutsch.

95 des letzten Krieges: Gemeint ist der I. Weltkrieg.

96 Kaiser: Im Original in Deutsch. Gemeint ist Wilhelm II.

97 das die Erde verdirbt«: Offb 11,18.

98 Indus: Industalkultur, Stadtkultur des 3.–2. Jahrtausends v. Chr. im heutigen Pakistan. Ausgrabungen der Städte Mohenjo Daro (Sindh) und Harappa (Punjab), daher auch Harappa-Kultur genannt.

99 RMykene: Altgriechische Stadt auf dem Peleponnes. Teil der kretisch-mykenischen Kultur. Dominierte 1600–1200 v. Chr. die griechische Festlandkultur. Ging in der ägäischen Wanderung im 13. u. 12. Jh.v. Chr. unter.

100 Ramses: Name von 11 ägyptischen Königen der 19. und 20. Dynastie. Bedeutendster war Ramses II (1290–1224 v. Chr.) der 19. Dynastie. Er ließ die Tempel von Abu Simbel erbauen, an deren Fassade sich sitzende Statuen befinden.
Assurbanipal: Assyrischer König (668–631 v. Chr.), baute den Palast in Ninive aus, mit prächtigen Reliefs und Bibliothek.
Dareios: Persischer Großkönig von 558–486 v. Chr., Sohn des Xerxes, vergrößerte das Reich erheblich, ließ Persepolis ausbauen und sandte Strafexpeditionen gegen die griechischen Stadtstaaten.

101 Überlieferung des Kultes: Im Original *cult-lore*, von DHL parallel zu *folk-lore* und *culture* gebildet.

102 Heraklit: Griech. Philosoph, um 544–483 v. Chr. in Ephesos. Nach Heraklit besteht die Welt aus dem Gleichgewicht gegensätzlicher Strebungen. Der Kampf der Gegensätze stellt die Harmonie her. Feuer war für ihn die Ursubstanz und alle Dinge waren ein Austausch für Feuer, so wie Gold ein Austausch für Waren. Er lehrte, daß sich alles in ständigem Fluß befinde und sich stets erneuert. Daher, so ein Beispiel, könne man auch nicht zweimal hintereinander in denselben Fluß steigen, da sich das Wasser inzwischen er-

neuert hat. So wurde ihm später der Ausspruch »alles fließt« *(panta rhei)* zugesprochen.

Empedokles: Griech. Philosoph, Arzt und Politiker, um 483–423 v. Chr., begründete die Lehre von den vier unvergänglichen Elementen (Feuer, Luft, Wasser, Erde). Durch deren Mischung und Entmischung entstehen und vergehen alle Dinge. Die Elemente werden durch Liebe angezogen und durch Haß, bzw. Kampf, wieder getrennt.

Anaxagoras: Griech. Philosoph um 500–428 v. Chr., nahm in seiner Lehre unendlich viele unveränderliche Urteilchen an, in denen jeweils die vier Elemente des Empedokles vorhanden sind, aber in unterschiedlicher Verteilung. Bei deren Zusammenfügung entstehen Dinge, und durch deren Trennung vergehen sie wieder. Das Ordnungsprinzip ist dabei der Geist *(nous)*, eine feinstoffliche, unvermischte Substanz, die quasi die Funktion von Empedokles Liebe und Haß übernimmt.

103   das Rätsel der Sphinx: Die Sphinx, ein mythisches Wesen mit Frauenkopf und geflügeltem Löwenleib, stellte den Thebanern das Rätsel über die drei Altersstadien des Menschen und tötete alle, die es nicht zu lösen vermochten. Erst Ödipus fand die richtige Antwort.

104   Hektor: Held und Anführer der Trojaner im Trojanischen Krieg, von Achilles getötet.

      Menelaos: König von Sparta, Bruder des Agamemnon. Durch die Entführung seiner Gemahlin Helena wurde der trojanische Krieg ausgelöst.

105   Geburt des Kindes: vgl. Offb 12, 5.

106   Wissenschaftler: Im ursprünglichen Sinn von einem Menschen, der auf irgendeinem Gebiet gelehrtes Wissen besitzt.

107   Hesiod: Griech. Dichter, um 700 v. Chr., verfaßte das Epos *Werke und Tage*. Besingt in der *Theogonie* die Entstehung von Welt und Göttern.

108   Benjamin Jowett: 1817–1893, bekannter engl. Platon-Übersetzer.

109   Chlamys: Die griechische Toga.

110   mise en scène: Franz. »Inszenierung«.

111   und vierundzwanzig Älteste ... Tempels verfrachtet werden: vgl. Offb 4,4–6.

112   Kirchenväter der Ostkirche: Basilius aus Kayseri, Origenes aus Alexandria, Chrysostomos aus Antiochia. Ostkirche ist die Bezeichnung für alle christlichen Kirchen, die nach der endgültigen Teilung des Römischen Reiches (395) zu dessen Osthälfte gehörten oder von dort ihren Ursprung nahmen.

113   Oliver Cromwell: 1599–1658, engl. Staatsmann, Lord Protector der englischen Republik (1653–58), begründete die englische Weltmachtstellung. Radikaler, strenger Puritaner, daher auch als Ikonoklast bezeichnet, vgl. Anm. 114.

114 Ikonoklasten: Bilderstürmer, eine Bewegung des 8. und 9. Jahrhunderts, die die Bilder (Ikonen) aus den christlichen Kirchen des Ostens verbannen wollten. In der Reformationszeit kam es erneut zum Bildersturm, daher auch auf Puritaner wie Cromwell angewandte Bezeichnung, vgl. Anm. 113.

115 »Auch Iris ist eine Wolke«: Xenophanes zugeschrieben. *Iris*, griech. »Regenbogen«. In der Mythologie Verkörperung des Regenbogens, Botin und Dienerin der Götter.

116 Jaspis und Sarder: vgl. Offb 4,3.

117 bernsteinfarben: Vgl. Hes 1,4. In der Lutherübersetzung heißt es »wie blinkendes Kupfer«.

118 Pisces . . . neue Ära: Pisces ist das Sternbild der Fische. Neue Ära: In der Ekliptik trat die Sonne vom Zeichen der Fische in das des Wassermanns ein.

119 Der Fisch: Griech. *ichtys*, in der christlichen Kunst und Literatur das Symbol Christi. Vom griechischen Akrostichon ICHTHYS (ΙΧΘΥΣ) abgeleitet: **I**esous **Ch**ristos **Th**eou (H)**Y**os **S**oter = Jesus Christus, Gottes Sohn, Heiland.

120 Ur-Logos: vgl. Joh 1,1 und Offb 4,5.

121 sieben Geister Gottes: vgl. Offb 4,5.

122 Buch in seiner Hand: vgl. Offb 5,1.

123 Löwe von Juda . . . und sieben Augen: vgl. Offb 5,5–6.

124 Aries: Sternbild des Widder.

125 Mithras: vgl. Anm. 25.

126 »Wasch mich im . . .. sein als Schnee«: Refrain aus einem Lied der Heilsarmee. Vgl. Offb 7,14.

127 Hekatombe: Altgriechisches Opfer von hundert Rindern (*hekaton*, »hundert«), später allgemeine Bezeichnung für ein Massenopfer.

128 an ihrem Biß sollt ihr sie erkennen: vgl. Mt 7,20.

129 »welches geschlachtet war«: vgl. Offb 5,6.

130 die Garben vor Joseph: vgl. 1. Mose 37,5–8.

131 heidnischer Lobgesang zum . . . Engel fliegt herbei: vgl. Offb 5,8–14.

132 vier apokalyptischen Reitern: Offb 6,1–8

133 die sieben Zentren: Diese Zentren finden eine Entsprechung in den sieben indischen *cakra* (sanskr. »Rad«). Das siebte *cakra* befindet sich dabei schon auf einer transzendenten, nicht mehr körperlichen Ebene, es stellt die Einheit (vgl. Kap. XXI) der anderen dar, wenn alle sechs geöffnet wurden. Zu den *cakra* vgl. Mircea Eliade, *Yoga*, 1977, S. 250 ff. Im Sufismus gibt es das analoge Konzept der *lataif*, vgl. Idries Shah, *Die Sufis*, 1991, S. 300 f.

134 Gottessöhne: vgl. 1. Mose 6,1–4.

135 die vier Temperamente: Die klassische Einteilung der vier Typen geht auf den griechischen Arzt Hippokrates (um 460–370 v. Chr.) zurück.

136 mana: Melanesisch »das außerordentlich Wirkungsvolle«, übernatürliche, in Ding, Tier und Mensch temporär wirksame Kraft.

137 Schenkel: Bei Luther steht »Hüfte« (Offb 19,16), in der *King James Bible* dagegen *thigh*, »Schenkel«.

138 goldener Schenkel: Nach einer griechischen Legende hatte Pythagoras einen goldenen Schenkel, den er von den Göttern erhalten hatte. Der Schenkel galt als Sitz der Manneskraft und der Majestät und wurde manchmal euphemistisch für Phallus gebraucht, vgl. 1. Mose 24,2.

139 Brot meines Leibes: In Anlehnung an die Worte Christe beim letzen Mahl, vgl. Mt 26,26.

140 Titus oder Vespasian: Römische Kaiser, Vespasian 69–79, Titus 79–81.

141 »alle Berge und ... ihrem Ort weggerissen«: vgl. Offb 6,14.

142 vier Engel der Winde: Der Westwind gilt traditionell als der gute Wind. Die Engel der vier Winde sind Uriel (Süden), Michael (Osten), Raphael (Westen) und Gabriel (Norden).

143 »Die Rettung kommt ... und dem Lamm!«: Offb 7,10.

144 »Amen, Lob und ... zu Ewigkeit! Amen«: Offb 7,12.

145 »aus großer Bedrängnis gekommen sind«: Offb 7,14.

146 Mysterien der Isis: Die Hauptgöttin des alten Ägyptens, Schwester und Gemahlin des Osiris und Mutter des Horus. Isis war der Prototyp der treuen Gattin und Mutter. Ihre Statue trug folgende Inschrift: *Ich bin die, die ist, die war und die sein wird. Mein Schleier wurde von niemanden gelüftet.* Daher bedeutet den Schleier der Isis zu heben, ein großes Mysterium zu enthüllen.

147 drittes Auge: In der hinduistischen und buddhistischen Tradition zwischen den Brauen befindliches spirituelles Zentrum. Der Gott der Yogis, Shiva, wird stets mit drittem Auge abgebildet. Von manchen mit dem Stirncakra gleichgesetzt (vgl. Anm. 133).

148 Uräus-Schlange: (*naja haje*, eine giftige Kobraart) In Altägypten Symbol der Königsherrschaft und der höchsten Macht. Der Pharao trug sie in goldener Nachbildung am Diadem oder an der Krone, sie reichte dabei zwischen die Brauen herab. Die Uräus-Schlange wurde auch ein Symbol für in spirituelle Macht verwandelte Stärke.

149 einer halben Stunde: vgl. Offb 8,1.

150 Die alte Natur ... in der Unterwelt: Ernst Jünger formulierte es so, *die verfallenen Altäre sind von Dämonen bewohnt*, in *Annährungen*, 1980, S. 94.

151 »Martern der Hölle«: Der mittelalterliche englische Ausdruck für den Sieg Christi über die Mächte der Hölle und ihre daraufhin erfolgende Plünderung.

152 Gäa-Uranus-Kronos-Zeus-Mythen: Gäa, die Erde, zeugte mit Uranos, dem Himmel, die Titanen. Der Titan Kronos entmannt seinen Vater und bemächtigt sich so der Herrschaft über Götter und Menschen. Er zeugt

mit seiner Schwester Rhea die Olympier. Um einem ähnlichen Schicksal wie sein Vater zu entgehen, verschlingt er alle seine Kinder. Nur Zeus wird von Rhea gerettet, sie läßt Kronos stattdessen einen Stein schlukken. Später besiegt Zeus schließlich seinen Vater und läßt ihn alle Kinder wieder ausspeien.

153 zweien der »Wehe!«: vgl. Offb 8,13 – 9,12.

154 Apollyon: hebr. *Abaddon*, der »Verderber«. Name des über den Ort des Verderbens gesetzten Engels, also ein Diener Gottes. Wird in einigen okkulten und apokryphen Schriften aber auch als satanische Macht begriffen.

155 zwei weitere: vgl. Offb 9,12.

156 »Laß die vier ... Euphrat gefesselt sind«: Offb 9,14.

157 Die Pferde der ... sie Schaden anrichten: Dieser Absatz ist eine Paraphrase von Offb. 9,17–19.

158 »feurige Pfuhl, der mit Schwefel brennt«: vgl. Offb 19,20.

159 Scheol: hebr., die Unterwelt im Alten Testament, vgl. Hes 32,17–32.
Dschehenna: Hölle der islamischen Tradition.

160 »weder sehen noch hören noch gehen können«: Offb 9,20.

161 Eid der Götter: Die griechischen Götter schworen ihre Eide am Styx, dem Fluß der Unterwelt. Sie wagten nicht, diese Eide zu brechen, da sie sonst den Fluß überschreiten müßten und ihre Unsterblichkeit einbüßen würden.

162 Zuerst steigt ein ... bald vollenden wird: vgl. Offb 10.

163 das kleine Büchlein: Welches der Engel in der Hand hielt, wie DHL zu erwähnen vergaß, vgl. Offb 10,2.

164 das Ausmessen: vgl. Sach 2,5–6; und auch Hes 40–43, ein Vermessen, daß sich fast über drei Kapitel erstreckt.

165 Verklärung Jesu: Mt 17,1–13.

166 Adonai: Hebr. »mein Herr«, Umschreibung des tabuisierten Gottesnamens.

167 Kastor und Polydeukes: Zwillinge, Söhne der Leda, der Gemahlin des Tyndareos, König von Sparta, daher auch Tyndariden genannt. Sind von Zeus gezeugt worden, daher der Name Dioskuren (*dioskouroi*, »Söhne des Zeus«). Als Kastor getötet wird, läßt Zeus sie, um sie nicht zu trennen, je einen Tag in der Unterwelt und einen auf dem Olymp verbringen. Der populäre Kult der Dioskuren, die man vor allem als Helfer in der Seenot anrief, ging von Sparta aus und verbreitete sich in ganz Griechenland und Italien. Die lateinischen Namen sind Castor und Pollux.

168 Dioskuren: vgl. Anm. 167.

169 Tritopatoren: Attische Gottheiten, gelten als Ahnherren der Menschheit. Werden oft als Herren der Winde bezeichnet, und als Torhüter, denen man opfern muß. Wurden aber nie mit den Dioskuren identifiziert.

170 Kabiren: Alte Gottheiten phönizischer oder anatolischer Herkunft, gelten als Helfer zur See und bei der Landarbeit. In der Ägäis und später im gesamten östlichen Mittelmeer verehrt. Hauptkult waren die Mysterien auf Samothrake. Das Götterpaar wurde später auch mit den Dioskuren identifiziert.

171 als Donnernde waren sie Entzweiende: Ein Wortspiel von DHL: *As thunderes they were sunderers*.

172 Dinge auseinanderhalten: In vielen Religionen verbreitete Vorstellung, daß die Schöpfung, die Ordnung *(kosmos)*, erst durch ein Auseinanderhalten möglich ist. In der vedischen Religion werden Himmel und Erde durch das *dharma* auseinandergehalten. *Dharma* wurde erst als Stütze verstanden, und dann immer mehr mit sittlichen Geboten, Opfern und der Religion an sich identifiziert, die stets erneuert und aufrechterhalten werden muß, damit die Schöpfung nicht wieder in Unordnung *(chaos)* stürzt.

173 »Sodom« und »Ägypten«: Offb 11,8. In Anlehnung an Sodom und Gomorra (1. Mose 18 und 19), stellvertretend für alle Stätten der Unmoral.

174 »sie freuen sich ... senden einander Geschenke«: vgl. Offb 11,10.

175 Saturnalien ... Hermaien ... Sakaien: Fest in Rom zur Ehre des Saturns (urspr. latinischer Saatgott), vom 17. Dezember an durch mehrere Tage hindurch gefeiert. Man beschenkte einander, gab den Sklaven Redefreiheit und bediente sie bei Tisch. Ähnlichen karnevalistischen Charakter hatte das Fest zu Ehren des Hermes auf Kreta und die Sakaien in Babylon.

176 »Zwei der lilienweißen ... ganz in Grün:«: Altes engl. Volkslied, »*The Twelve Apostles*«.

177 »Nun gehören die ... Ewigkeit zu Ewigkeit«: Offb 11,15.

178 »Und es erschien ... Engel dorthin geworfen«: Offb 12,1–9.

179 der scharlachroten Frau: vgl. Offb 17.

180 mit Adlerflügeln versehen ... eine halbe Zeit: vgl. Offb 12,14–16.

181 Diana von Ephesus: Der Dianatempel in Ephesus war eines der Sieben Weltwunder. Diana war eine altitalische Göttin, die mit Artemis identifiziert wurde. Vgl. Apg 19,23–40.

182 Esau sein Erstgeburtsrecht: vgl. 1. Mose 25,29–34.

183 Samson: Griechische Form von hebr. *Simson*, israelitischer Held, vollbrachte sagenhafte Taten gegen die Philister, seine Kraft beruhte auf seinem ungeschorenem Haupthaar, seine Geliebte Delila verriet ihn an seine Feinde, vgl. Ri 13–16.
David: vgl. 1. Sam 17 und Anm. 79.

184 Libido: Von lat. »Begierde«, von Sigmund Freud (1856–1939) eingeführte Bezeichnung für den Geschlechtstrieb im Sinn einer konstruktiven, aufs Leben gerichteten Energiequelle.
Elan Vital: Frz. »Lebensschwung«, von dem französischen Philosophen

Henri Bergson
(1859–1941) eingeführter Terminus für die treibende, schöpferische Kraft des Lebens.

185 die eherne Schlange: vgl. 4. Buch Mose 21,4–9.

186 Charles Lindbergh (1902–1974): Amerikanischer Pilot, der 1927 den ersten transatlantischen Non-Stop-Flug von New York nach Paris unternahm.

Jack Dempsey (1895–1982): Amerikanischer Boxer, 1919 Weltmeister im Schwergewicht.

187 die Yogis versuchen, diesen Drachen: Gemeint ist hier die *kundalini*-Kraft (sanskr. »Schlange«), die in Form einer eingerollten Schlange am unteren Ende der Wirbelsäule ruht. Durch yogische Praktiken kann sie erweckt werden. Sie schießt dann durch alle sechs *cakra* zum siebten empor (vgl. Anm. 133) und der Yogi erlangt Befreiung.

188 agathodaimon ... kakodaimon: Griech. »gute Gottheit ... böse Gottheit«. *Daimon* ist wörtlich der »Zuteiler des Schicksals«, bezeichnenderweise bei den alten Griechen in der Bedeutung von »Gottheit«, im Griechisch des Neuen Testaments aber schon in der Bedeutung von »Dämon«.

189 smaragdgrün: In der mystischen Farbsymbolik der alten persischen Tradition gilt Smaragdgrün als höchste göttliche Farbe. Der Adept pilgert auf seiner inneren Reise zum Smaragdfels oder zur Smaragdstadt.

190 Laokoon: Trojanischer Priester des Apollos, der die Trojaner vor dem Trojanischen Pferd warnte. Bei einem Opfer für Apollo umringten zwei Schlangen ihn und seine beiden Söhne und töteten sie. Die Trojaner sahen dies als Omen an und brachten das hölzerne Pferd in die Stadt.

191 Andromeda: Tochter des äthiop. König Kepheus und der Kassiopaia. Andromedas Mutter prahlte damit, daß ihre Tochter schöner sei als die Nereiden. Poseidon sandte daraufhin ein Ungeheuer, das das Land verwüstete. Um die Götter zu versöhnen, schmiedete Kepheus Andromeda an eine Klippe, wo sie dem Ungeheuer preisgegeben wird. Perseus tötet das Ungeheuer, befreit Andromeda und erhält sie von Kepheus zur Frau.

192 zinnoberrote Farbe: vgl. Eva Lips, *Das Indianerbuch*, 1980, S. 49.

193 Nebukadnezar II: König von Babylon (605–562 v. C.). Eroberte 597 Jerusalem und führte die Israeliten in die babylonische Gefangenschaft.

194 Purpur: Goethe bezeichnet in seiner Farbenlehre Purpur als »Majestät« (§ 916).

195 Goldenen und ... Stählernen Zeitalters: Die fünf Zeitalter der griech. Mythologie sind das Goldene Zeitalter oder das Zeitalter des Kronos (Berichte bei Hesiod und Vergil), es gilt als paradiesische Zeit, in der die Menschen ohne Sünde lebten; das Silberne Zeitalter, als die Menschen die Verehrung der Götter vernachlässigten, dem Bösen anheimfielen und damit begannen,

sich gegenseitig zu töten; das Bronzene Zeitalter, in dem eine kriegerische und grausame Menschheit lebte, die metallene Werkzeuge und Waffen gebrauchte; das Eiserne Zeitalter, das Zeitalter der Sünde, in dem Zeus eine Sintflut schickte, die nur Deukalion und Pyrrha überlebten. Das gegenwärtige Zeitalter ist das Stählerne oder Steinerne Zeitalter, es gilt als letztes und am meisten degeneriertes Zeitalter.

Dieses Konzept der Zeitalter ist bei vielen Völkern verbreitet und findet eine Entsprechung in den vier *yuga* der indischen Mythologie. Es sind zyklische Konzepte, d. h., nach Ende des letzten Zeitalters, zumeist ein Weltuntergang, beginnt eine neue Goldene Zeit.

196 »alle Völker mit eisernem Stab weiden«: Offb 12,5.

197 Sieben, Vier und Drei: In der Numerologie des Altertums war Sieben die Zahl der Schöpfung, des Kosmos und des Raumes. Sie wurde durch ein Quadrat mit einem Dreieck repräsentiert. Die Pythagoreer setzen die Welt mit der Vier, und die höchste Gottheit mit der Drei gleich.

198 Zahl der Natur Gottes: Vgl. Goethes Farbenlehre § 918: »Der Triangel steht bei den Mystikern in großer Verehrung«.

199 Kieselsteine: vgl. Anm. 221.

200 das Unbegrenzte: *apeiron*, vergl. Anm. 81.

201 Anaximenes: Der dritte und jüngste der milesischen Philosophen, um 585–525 v. Chr., nahm als Urstoff die Luft an, aus der alle Dinge durch Verdichtung und Verdünnung entstehen.

202 Heraklit sagt, daß . . . Tag neu ist: Auch die Ursubstanz Feuer befindet sich wie alles andere in einem ständigen Fluß (vgl. Anm. 102), so daß die Sonne jeden Tag neu ist.

203 »dem Rad der Geburt entkommen«: Gemeint ist die Beendigung der Wiedergeburten, vgl. Anm. 87. Ähnliche Vorstellungen der Seelenwanderung finden sich in gnostischen, hermetischen und apokryphen Schriften, aber auch in den indischen Religionen.

204 Morgenstern: Die Venus. Im AT auch als Himmelskönigin erwähnt, vgl. Anm. 15.

205 eine Art von Dampf: Dunkelheit wurde als eine Art Dampf aufgefaßt, vgl. Kap. XVIII.

206 der rotierenden Himmelsräder: vgl. Anm. 82.

207 Cherubim: vgl Anm. 83.

208 »Vier der Evangelien Naturen«: Aus einem alten Volkslied, vgl. Anm. 176.

209 alles wäre Wasser: Anaximenes nahm als die eine und unbegrenzte Substanz *Luft* an (vgl. Anm. 201) Es war Thales, nach dem Ursubstanz Wasser war (vgl. Anm. 93).

210 Heraklit: Vgl. Anm. 102. Zur Idee von Schöpfung durch Trennung vgl. Anm. 172.
     Empedokles: vgl. Anm. 106.

211 H$_2$O ist kein Wasser: vgl. Ivan Illich: *H$_2$O und die Wasser des Vergessens*, 1987

212 leben, weben und sind wir: vgl. Apg 17,28.

213 vier Naturen des Menschen: vgl. Anm. 135.

214 »Das Herz, das ... Denken des Menschen«: Empedokles zugeschrieben.

215 als der Drache ... der vierte Teil zerstört: vgl. Offb 6,8; 8,7–12; 9,15–18; 12,4.

216 »die Zahl der rechten Zeit«: Hier klingt auch das Zeitkonzept des *kairos* an, der den »rechten Augenblick« bezeichnet, im Unterschied zum *chronos*, der eher den meßbaren Zeitverlauf meint. In unserer heutigen Kultur ist *chronos* zum dominierenden Zeitbegriff geworden.

217 Marduk: Reichsgott Babylons, auch Bel genannt (hebr. *Baal*), vgl. Anm. 10.

218 Der Goldene Esel: Satire von Lucius Apuleius (ca. 125–180), auch unter dem Titel *Metamorphosen* bekannt (nicht mit denen des Ovid zu verwechseln). In der Erzählung wird ein Jüngling in einen Esel verwandelt und entdeckt aus dieser Sicht viele menschliche Laster und Schwächen. Schließlich wird er von der Göttin Isis erlöst.

219 »eine Zeit und zwei Zeiten und eine halbe Zeit«: Offb. 12,14.

220 stammt von Daniel: Dan 7,25; 12,7.

221 in einem Dreieck: Die sogenannte *tetraktys* der Dekade:

```
       *
      *  *
     *  *  *
    *  *  *  *
```

Das Rechnen mit Kieselsteinen hat durch das Lateinische Einzug in die Sprache gehalten. »Kalkulieren« kommt von *calculus*, »Kieselstein«. Die Pythagoreer schufen viele Analogien zwischen Zahlen und Dingen. Grundlegend dafür war Pythagoras Entdeckung der harmonischen Intervalle, Musik spielte bei den Pythagoreern eine bedeutende Rolle. Man versuchte im gesamten Kosmos analoge quantitave Strukturen zu finden und zu bestimmen.

222 Symbol der Macht: In der Bibel zum Beispiel in 1. Kön 22,11; Jer 48,25; und Sach 2,14. Man denke auch an die Darstellungen des gehörnten Alexander des Großen.

223 auf Moses Stirn sprossen: Die Vorstellung eines gekrönten Moses beruht auf eine unterschiedliche Übersetzung von 2. Mose 34,29–30: Statt »sein Angesicht sandte Glanz aus«, kann auch »sandte Hörner aus« übersetzt werden. Diese Version steht in der *Vulgata*, (lat. *die Verbreitete*), eine in der Katholischen Kirche gebräuchlichen Übersetzung. Auf der symbolischen Ebene sind beide Varianten jedoch nicht so weit auseinander.

224 Ithyphallos: Bei Götterdarstellungen das aufgerechte männliche Glied.

225 Einheit: vgl. Anm. 133.

226 »Und es entbrannte ... den Drachen auf«: Offb. 12,7.

227 Aphrodite: Griechische Göttin der Liebe und Schönheit, die »Schaum-geborene« (griech. *aphros*, Schaum).

228 »Aber die Erde ... Zeugnis empfangen haben«: Offb. 12,16–17.

229 »hatte zehn Hörner ... wie ein Löwenrachen«: Offb. 13,1–2.

230 von Daniel erklärt: vgl. Daniel 7.

231 das mazedonische: Gemeint ist das mazedonische Reich von Philipp II und seinem Sohn Alexander dem Großen.

232 Golden Bough: Monumentales zwölfbändiges Werk (1890–1915) von James George Frazer (1845–1941). Frazer postulierte eine evolutionäre Abfolge von Magie, Religion und Wissenschaft. Im *Golden Bough* sind eine Unmenge magischer Riten und religiöser Rituale gesammelt. Das Buch hatte einen großen Einfluß auf die Ethnologie. Kurzfassung in Deutsch, *Der goldene Zweig*, 1989.

233 die Zahl 666: Offb. 13,18.

234 Simon Magus: Ein Zauberer aus Samaria, der von den Aposteln die Gabe des Heiligen Geistes kaufen wollte, vgl. Apg 8. Daher die Bezeichnung *Simonie* für den Handel mit geistlichen Dingen.

235 Timotheos: Gemeint ist der griech. Dichter Timotheos von Milet (um 450–360 v. Chr.).

236 »neuen weißen Gewändern«: vgl. Offb. 6,11.

237 »Sie ist gefallen ... der Teufel geworden«: Offb. 18,2.

238 Und damit sind ... im mächtigen Babylon: vgl. Offb. 18,11–13.

239 »Denn jedem, der ... mehr gegeben werden«: Mt. 25,29.

240 »Gebt dem Kaiser, was dem Kaiser gehört«: Mt 22,21.

241 Nero: vgl. Anm. 89.
Domitian: 51–96 (ermordet), römischer Kaiser von 81–96, forcierte den Kaiserkult und verfolgte daher Juden und Christen. Während seiner Herrschaft soll Johannes von Patmos die Vision der Apokalypse empfangen haben.

242 Lenin: vgl. Anm. 53.
Mussolini: 1883–1945 (von Partisanen erschossen), ital. Politiker, gelangte 1925 als faschistischer Diktator an die Macht.

243 »Jeder Mann tötet das, was er liebt«: Aus »*The Ballad of Reading Gaol*« (1898) von Oscar Wilde (1856–1900).

Nachwort

D. H. Lawrence einmal anders

Die Überraschung ist groß. Wer hätte das gedacht! David Herbert Lawrence (1885–1930) war also nicht nur der skandalumwitterte Verfasser von Lady Chatterley's Lover (1928) und Verfechter der Freiheit zur Sexualität, sondern auch ein religiöser Autor. Sein bisher wenig bekannter Essay zum letzten Buch der Bibel, zur Offenbarung des Johannes, im Jahr 1926 in der Toskana verfaßt, erst nach seinem Tod (1931) veröffentlicht, beweist es. Er kannte die Bibel vortrefflich und interessierte sich geradezu leidenschaftlich für die Auslegung dieser apokalyptischen Schrift. Das gibt es also: Ein literarischer Laie bearbeitet ein Theologisches Thema mit einer handfesten Theorie für den rechten Umgang mit dieser Schrift und dem Christentum. Ein Plädoyer für christliche Phantasie (152). Das ist eine Entdeckung, die sich gleichermaßen lohnt für Laien und Fachleute.

Die Johannes-Apokalypse – immer für einen Streit gut

Bekanntlich scheiden sich an dieser Offenbarung des Johannes die theologischen Geister. Martin Luther schrieb 1522: »Mein Geist kann sich das Buch nicht schicken«. Er tadelte an dieser Schrift, daß sie »so hart befiehlt und droht«. Später hat er etwas weniger scharf geurteilt und gemeint, diese Apokalypse diene der Kirche des Glaubens zur Tröstung und zur Warnung. Johannes Calvin kommentierte alle Schriften des Neuen Testaments, aber die Offenbarung des Johannes ließ er aus. Er schätze sie nicht. Andererseits fand diese Schrift immer wieder, besonders in bedrängten Zeiten, eifrige Leser. Sie war stets eine Fundgrube für Schwärmer und neue Weissager. Man versuchte oft, die Visionen dieses Buchs, welche die Ereignisse vom Weltende schildern, in die jeweilige Geschichte als geheime Vorhersage einzutragen.

Wissenschafts- und Religionskritik statt frommer Spekulation

An solcher frommen kirchen- und weltgeschichtlicher Spekulation beteiligt sich Lawrence nicht. Sein Interesse liegt an anderer Stelle. Er zieht gegen die Gegner zu Felde, zum einen gegen die nur mit Gedankenmodellen hantierende, lebensferne gelehrte Wissenschaft, zum anderen gegen die auf Bußangst und Selbstverherrlichung der Erwählten gerichtete kirchlich-moralische Auslegung dieser Schrift, die zwar gewissen Anhalt an dem Wortlaut habe, aber die tieferen Dimensionen der hier verarbeiteten mythischen Traditionen nicht erreiche.

Wissenschaft als Denken ohne Gefühl und Leben

Lawrence hält die Versuche einer wissenschaftlichen historischen Erklärung der Apokalypse für unergiebig im Blick auf lebendige Religion. Er hat die Kommentare der Gelehrten seiner Zeit, nicht nur englische, sondern auch deutsche wie den von Wilhelm Bousset, studiert. Zwar erkennt er auch an, daß sich bei solcher Forschung, insbesondere religionsgeschichtlich, interessante Spuren des Lebens zeigen, aber im Streben nach kognitiver Erklärung wird, so meint Lawrence, das Wesentliche dieser visionären Texte nicht wahrgenommen, die erstaunliche Wirkungskraft, das emotionale und dynamische Potential solcher Quellen. Es fehlt »das fühlende Denken«.

Symbole statt Allegorie

Er verdeutlicht sein Interesse unter anderem an dem Unterschied von Allegorie und Symbol. Allegorien sind kunstvolle Verschlüsselungen, die es zu decodieren gilt, poetische Rätsel, aber kein Geheimnis. Decknamen werden geheimsprachlich erkennbar, Babylon steht für Rom, eine bestimmte Moral wird in Bilder tugendsam gekleidet, Hölle und Himmel definitiv zugeteilt. Aber nach Lawrence lebt die Apokalypse von Symbolen, emotional und dynamisch wirksamen Bildern der Mächte, die uns seelisch bestimmen. Hier sei Erklärung der Vorgang, durch die die Energien verschwinden. Um was es ginge, würde auf diese Weise »wegerklärt«. Statt dessen gehe es um Teilhabe an den elementar präsenten Erfahrungen, Einweihung in das spannungsvolle Leben. Das verdeutlicht er an der elementaren Erfahrung von Sonne – in gewisser Weise ist Lawrence ein chaldäischer Sonnenanbeter –, von Mond – Mondsucht wird bei ihm wieder verständlich – und vom Morgenstern. Der Leser gewinnt Anteil an dem mythischen Leben, von der das Heidentum wußte. Lawrence spricht ganz modern von »liturgischer Kraft« dieser Texte. Der Text wird erst als »Performance« lebendig. Es ist erst in zweiter Linie wichtig, was Lawrence mit solcher religiös-volkskundlich-psychoanalytischen Auslegung im Rekurs auf Affekte wie Liebe, Neid, Rache und Kategorien wie Individualität und Kollektiv zur Sprache bringt. Wir können und sollen das noch auf Kontexte von damals und leitende Interessen untersuchen. Vorrangig aber ist, daß er methodisch jedenfalls durchaus modern verfährt. Er fragt wie Nietzsche nach dem Nutzen der Historie für das Leben. Er analysiert kultursoziologisch, psychoanalytisch. Sigmund Freud und Alfred Adler lassen von ferne grüßen. Interessant wäre eine Verhältnisbestimmung zu Carl Gustav Jung, zumal dieser auch die Bibel im Blick auf die hellen und dunklen Seiten Gottes symbolorientiert tiefenpsychologisch bedachte (Antwort auf Hiob [1952]). Auf jeden Fall ist Lawrence ein Vorläufer von Eugen Drewermann. Er sucht nach einer Tiefendimension und er will weg von einer moralischen Auslegung, die er nur als langweilige Mitteilung der Heiligen empfinden kann, den Versuch sich alle tiefere Ambivalenz vom Leibe zu halten. Aber es geht nach ihm gerade im Leben um die Leiblichkeit, die »körperliche Erfüllung« (156) menschlichen Daseins.

Die Apokalypse entläßt ihre Kinder

Lawrence kannte die Johannes-Apokalypse von Jugend auf. Er erinnert sich, wie im heimatlichen Bergwerksmilieu die Heilsarmee mit ihren Liedern und freikirchliche Evangelisten mit ihrer Verkündigung im Kontrast zur etablierten Anglikanischen Kirche gerade diese Schrift unter den wenig Besitzenden publik machten. Die Visionen setzten sich als Verheißung für die Armen tief in ihm fest. Lawrence ist ein klassisches Beispiel einer durch pietistisch biblische Tradition geprägten Sozialisation. Pietismus als Religion des Volkes wird verständlich. Er schrieb im Rückblick:

»Nicht nur wurde das kindliche Bewußtsein tagaus, tagein, jahraus, jahrein, ob es wollte oder nicht, mit kleinen Häppchen aus der Bibel gefüttert ohne Rücksicht darauf, ob das Bewußtsein das alles verdauen konnte oder nicht, sondern überhaupt wurde die Bibel tagein, tagaus, jahrein, jahraus dogmatisch erklärt, und zwar moralisch erklärt, in der Schule oder der Sonntagsschule, zu Haus oder im ›Band of Hope‹ oder ›Christian Endeavour‹«(zitiert nach Richard Alligton, D. H. Lawrence, rm 51 [1961] 1995, 23).

Aber er wurde erwachsen und kritisch, fragte nach der hier wirksamen Strategie und ihr Verhältnis zu Religion und Leben in Selbstverwirklichung. So kam er zu einer durchaus kritischen Einstellung zu dieser Schrift, erkannte aber gerade so ihre hohe mentale Bedeutsamkeit. Er entdeckte kirchenkritisch, warum diese Schrift für die Armen so wirksam war und wie in ihr das Thema von Liebe und Macht, von Kirche und Staat eine verhängnisvolle Lösung gefunden hatte, die wohl die Logik der kollektiven Weltgeschichte für sich hatte, aber zugleich geheimnisvoll mit ihren heidnischen Tiefenschichten auf bessere Möglichkeiten verwies. Gegen den Strich gelesen könnte umgekehrt ein Schuh zu Schritten in die reale Freiheit draus werden.

Neid als Folge der Liebe im Vergleich

Lawrence erweist sich als scharfer Analytiker der Christen- und Kirchengeschichte. Seine innere Ablehnung der Johannes-Apokalypse hinderte ihn nicht, aus zwei Gründen für eine sorgfältige und gründliche Beschäftigung mit der Offenbarung des Johannes einzutreten. Zum einen meinte er, aufzeigen zu können, was das eigentlich Faszinierende an dieser Schrift ist: ihre darin aufbewahrte ursprünglich heidnische Tradition astrologischer kosmischer Lebenssymbole, weswegen dies ein Buch sein, »das immer noch Wunder bewirkt« (152). Zum anderen will er zeigen, wie der Weg von der Botschaft Jesu zur Apokalypse verlaufen sei. Seine Einschätzung von Jesus lautet: »Jesus gab das Ideal für das christliche Individuum und hat es bewußt vermieden, das Ideal für einen Staat oder ein Volk zu geben. Wenn er sagte ›Gebt dem Kaiser, was dem Kaiser gehört‹ überließ er dem Kaiser wohl oder übel die Herrschaft über die Leiber der Menschen« (150). Eine individuelle Selbstverwirklichung aller aber hält Lawrence für nicht realisierbar. Die Menschheit ist ein kollektives Ganzes und solches individuelles Streben können nur dazu führen, daß es die Massen zu »neidischen, mißgünstigen und gehässigen Kreaturen macht« (150). Jesus »hatte nicht mit der Masse der mittelmäßigen gerechnet, deren Motto lautet: Wir haben nicht, und darum soll niemand etwas haben« (152). Die Folge war nach Lawrence: Jesus »überließ es Johannes von Patmos, der gegen das Römische Reich war, die christliche Vision einen christlichen Staates zu formulieren. In der Apokalypse hat Johannes das getan« (151). Das »zieht die Zerstörung der ganzen Welt nach sich und die Herrschaft der Heiligen in einer letztendlich entleibten Herrlichkeit. Oder es zieht die Zerstörung aller weltlichen Macht nach sich, und die Herrschaft einer Oligarchie von Märtyrern (das Millennium)« (151). Diese Aussicht war für die schlecht gestellten Leute die große Chance. Nach Lawrence gilt von der Apokalypse, dem »seltsamen Buch«: »Es zeigt uns den Christen in seinem Verhältnis zum Staat, was die Evangelien und die Epistel vermeiden. Es zeigt uns den Christen in seinem Verhältnis zum Staat, zur Welt und zum Kosmos. Es zeigt ihn in unversöhnlicher Feindschaft zu ihnen, die schließlich zu dem Wunsch führt, sie alle zu zerstören« (155).

Unterwegs zum Selbstmord der Menschheit?

Die Aussichten sind düster. Auf diese Weise steht der Selbstmord der ganzen Welt bevor. »Auch die Apokalypse hat den Selbstmord gewählt, mit darauf folgender Selbstverherrlichung« (155). Wie konnte es dazu kommen? Gibt es einen Ausweg? Das Dilemma von Liebe in individueller Selbstverwirklichung und Macht als Struktur der Kollektivität ist nicht gelöst worden. Lawrence übt scharfe Kulturkritik und zeigt sich gerade auch als Gegner der Demokratie. »In Demokratien nimmt die Schikane unweigerlich den Platz der Macht ein« (153).

Nur der Rückgriff auf die ursprünglichen kollektiven Strukturen des Lebens kann helfen. Was kann hier die Apokalypse leisten? »Die Apokalypse zeigt uns aber, gerade durch ihren Widerstand dagegen, die Dinge, »die das menschliche Herz insgeheim ersehnt« (155). Es ist die tiefe Sehnsucht nach dem elementaren Leben. »Was der Mensch am leidenschaftlichsten begehrt, ist seine lebendige Ganzheit und sein lebendiger Einklang, nicht die isolierte Rettung seiner ›Seele‹« (156). Man kann hier jenen Satz nicht überlesen, radikal wie Jesu »Laß die Toten ihre Toten begraben«, den Lawrence schreibt: »Die Toten mögen sich um Jenseits kümmern« (156). Diese Diesseitsbejahung ist religiös kosmologisch, sie kennt ein Wunder: »Für den Menschen ist es das große Wunder lebendig zu sein« (156).

Schon damals Ökologie

Verkündet wird eine Wiederherstellung der Mitkreatürlichkeit, verlangt die Absage an die Systeme, die den Menschen entleiben, besonders durch die Bindung zum Geld, das eben nicht allein dem Kaiser gehört...

Das sonst in der modernen Kulturentwicklung verlorene ursprüngliche Leben sei wieder und neu zu entdecken. Wie ein Archäologe dringt Lawrence in seiner kursorischen Lektüre der Apokalypse zu dieser Schicht mythischer Tradition vor. Da ist chaldäische Astrologie, da sind Mysterienreligionen, da ist nicht nur Christus, sondern Mithras und hellenistische Mythologie. Lawrence kennt sich aus bei Kronos und Zeus, beim Dioskurenkult, bildet das neue Wort *cult-lore,* wo man sonst nur *folklore* kennt, ist entzückt von Sonne, Mond und Morgenstern (133), von der Magna Mater und der Zahlenmystik. Und nicht zuletzt fasziniert ihn der grüne und der rote Drachen (119ff). Heute sei er grau.

Ein verborgener Schatz sei zu entdecken wie, so vergleicht er es selber, alte heidnische Säulen, die eingegipst sind in einer christlichen Kirche.

Deshalb ist ihm die Astrologie viel wichtiger als die Astronomie. Die Astronomie befreit nicht, sondern führt in das Gefängnis des leeren Raums. Die Astrologie im Sinne der alten Chadäer aber führt zur tieferer kosmischer Erfahrung. Bissig mokiert er sich über einen deutschen Gelehrten, der dort in den mythischen Kulturen nur, Lawrence zitiert absichtlich das deutsche Wort »Urdummheit« entdeckt habe, wogegen allerdings »Urfrechheit« festzustellen angebracht sei.

Keine revisionistische Entmythologisierung, sondern Re-Vision des Mythos
So wie heute feministische Exegese Verdrängtes aufzufinden versucht, so betreibt Lawrence eine mythologische Relecture. Nicht eine Entmythologisierung, sondern eine Re-Vision der mythischen Erfahrungen schwebt ihm vor. Eine Religion der Sehnsucht könnte Umkehr erreichen. Das Heidentum kann nicht wiederkehren, aber Umkehr nach vorn ist möglich. Tanz ist möglich. Lenin und Mussolini werden als die neuen Oligarchen der Märtyrer kritisch erfaßt (151). Was erst hätte er über Hitler und Stalin gesagt?

Ist das Neue Jerusalem langweilig?
Mit dem Neuen Jerusalem, diesem krönenden Abschluß der Apokalypse (Kapitel 21) kann Lawrence wenig anfangen. Das ist für ihr nur eine Allegorie und kein Mythos oder Symbol. Blumen,

die nicht welken, das zeige eine Phantasie, die eben nicht blüht: »Das Paradies eines Juweliers« (118). Und dann der Triumph über die andern im Schwefelpfuhl der Hölle. Und das neue Licht, keine Sonne und kein Mond mehr. Das ist nicht mehr kosmisch poetisch. Muß so viel zerstört werden, damit das Neue kommt? »In der Apokalypse gibt es viel zu viel Zerstörung. Das macht keinen Spaß mehr« (137).

Aus dem Nachwort soll ein Vorwort werden?

Mein Nachwort will ein Vorwort werden. Ein Vorwort zu eigener Meinungsbildung, erneuter Lektüre der Bibel zur Klärung unserer Einstellung zur Liebe, Macht und Zukunft ohne Neid. Zwischen Orthodoxie und Heterodoxie soll die Paradoxie zu ihrem Recht kommen als das Wunder des Denkens, das Grenze und Übergang des Denkens zum Glauben begreift und zugleich angreift. Ein Glaube, der die Welt als Schöpfung bejaht und verantwortet. Lawrence offenbart eine Sehnsucht, die uns nicht fremd ist. Das Interesse an Inkarnation, Körperlichkeit, möglicherweise auch Reinkarnation hat zu recht an Boden gewonnen. Und die Symboldidaktik ist ebenso im Kommen, wie auch die Wahrheit des Mythos selbst Wissenschaftler beschäftigt (Kurt Hübner).

Ganz besonders aber ist das Dilemma, die Zwickmühle von Macht und Liebe, von Einzelnem und Kollektiv, von Sexualität und Aggression, von Selbstverwirklichung und Nächstenliebe weiterhin akut.

Daß Lawrence Jesu zu einseitig verstand, braucht nicht betont zu werden. Daß zwischen Jesus und Offenbarung des Johannes von Patmos auch von Staat und Christen etwas zu finden ist, und nicht nur Römer 13, ist ebenfalls als Korrektur einsichtig. Aber damit sind die Fragen nach der Herrschaft der Heiligen und der Rolle des Ressentiments im Glauben noch nicht erledigt. Daß man über das Lamm aktuell auch besser denken kann, zeigte Heinrich Böll in »Billard um halbzehn«, als er das Sakrament des Lammes gegen das er gewalttätigen Büffel stellte. Lawrence ahne die Kräfte der Schöpfung, das Chthonische, die Lust und die Selbstbejahung, wer will ihn verurteilen, weil er die Wahrheit der Heiden suchte.

Seine Ahnung von der Symbolik zeigt die Ahnungslosigkeit vieler Wissenschaft von den Gefühlen. Nicht nur Wissenssoziologie, auch Gefühlssoziologie ist nötig.

Wer ist nicht angetan von seinem Loblied auf die apokalyptischen Reiter? Ist er nicht mit Franz Marc verwandt?

Was er über die Demokratie sagt, zeigt, wie sehr Demokratie verkommen kann und wie schwer es ist, die Demokratie so zu entwickeln, daß die Besten herrschen, weil alle lernen, mitzuregieren. Lawrence kapituliert wohl zu früh vor dem möglichen Antagonismus von Liebe und Macht aber er bewahrt uns davor, zu bieder und zu treuherzig, dem Bösen sich schon gewachsen zu fühlen.

Lawrence erneuert Kosmologie. Vielleicht wäre er über heutigen Mut zum kosmischen Christus erfreut. Wichtiger ist, ob wir erfreut sind, wie Poesie und Theologie einander notwendig nahe kommen. Aldous Huexley, der Lawrence persönlich kannte, zitiert ihn »Man muß sehr religiös sein, um Künstler zu sein.« Es ist die Leidenschaft für die Sprache, die Poesie und Theologie verbindet. Apokalypse als Mutter der christlichen Theologie (Ernst Käsemann) hat Glauben und Religion weltgeschichtlich begriffen. Das soll nicht von ihr genommen werden. Lawrence Essay bleibt ein Impuls über die machtvolle geheime Nichtexistenz der Götter im Heidentum und die Sehnsucht nach wahrem Leben.

Henning Schröer